博览业，改变未来

振　中　陈运发　李乃治◎著

西南财经大学出版社

图书在版编目(CIP)数据

博览业,改变未来/振中,陈运发,李乃治著.—成都:西南财经大学出版社,2013.11

ISBN 978-7-5504-1250-7

Ⅰ.①博… Ⅱ.①振…②陈…③李… Ⅲ.①博览会—企业经营管理—研究—中国 Ⅳ.①G245

中国版本图书馆 CIP 数据核字(2013)第 258682 号

博览业,改变未来

BOLANYE,GAIBIAN WEILAI

振 中 陈运发 李乃治 著

策　　划:何春梅

责任编辑:李特军

封面设计:墨创文化

责任印制:封俊川

出版发行	西南财经大学出版社(四川省成都市光华村街 55 号)
网　　址	http://www.bookcj.com
电子邮件	bookcj@foxmail.com
邮政编码	610074
电　　话	028-87353785　87352368
照　　排	四川胜翔数码印务设计有限公司
印　　刷	郫县犀浦印刷厂
成品尺寸	185mm×260mm
印　　张	13
字　　数	195 千字
版　　次	2013 年 11 月第 1 版
印　　次	2013 年 11 月第 1 次印刷
印　　数	1—2000 册
书　　号	ISBN 978-7-5504-1250-7
定　　价	40.00 元

Bolanye Gaibian Weilai

前 言

——谨以此书献给为中华民族伟大复兴之中国梦奋斗的人们！

阅读说明

参展者与参观者千里迢迢去参加博览会；人们兴致勃勃地看着历史博物馆里的展品，意犹未尽地品味着艺术馆里的艺术品；小朋友们看着动物园里的可爱的动物高兴得手舞足蹈；少年们仔细地观察着植物园里五彩缤纷、陌生的植物；艺术爱好者对着美术馆内的精美艺术品久久品味。为什么呢？因为人类有天生的好奇心、探索世界和学习的愿望。

准确地说，这种好奇心和探索愿望来自意识对物质的控制愿望。自从世界有了生命以来，意识一直在变得强大，并试图努力了解世界以便控制或改造物质甚至意识本身。好奇心、控制世界和改造世界的希望是人类学习最强大的原始推动力。

既然有好奇心，有学习的需要，那么就有观看展览、展品，学习了解新知识与信息的需求，且有时还很强烈。俗话说"百闻不如一见"。因此，这种博览需求作为一种人的本能天然存在于你我的脑海之间。笔者在本书中阐述的博览项目就是将某主题的众多的展品集中展示，并且一般都提供必要的说明，以期为人们提供该主题方面的系统的知识或信息的项目，包括博览会、博物馆、植物园、动物园、美术馆等。

在笔者看来，现在社会各界还没有清晰、统一、系统的博览业概念，也没有系统、深入研究博览业具有的共同特征，对博览业的重要价值与意义，以及博览业与知识经济、休闲产业、传播学等的关系也是缺乏深层次理解的。本书就是试图系统、深入阐述博览业、博览学等有关概念、理论，帮助人们认识博览业的巨大价值与意义，并希望以此推动中国乃至世界在走向知识经济的路上走得更远、更稳。

参观博览项目一般而言属于浅显的学习，不需要深刻理论的学习，没有成绩的压力，而且很多博览项目本身就是富有乐趣的。因此参观博览项目既能学到很多有用的知识与信息，又生动有趣。可以说，博览业是知识（学习）与乐趣的完美结合，正所谓“寓教于乐”。博览业通过展品传播知识与信息，属于社会教育、终身教育的一环，与（正规的）教育业、体验业、新闻传媒业等构成知识经济的基础，也属于休闲产业，与旅游业、娱乐业、体验业、体育业等构成休闲产业的重要内容。

现在的知识经济时代比以往的时代要求人们掌握和了解更多的知识和信息，这些知识和信息不仅涉及自己的工作和职业，还涉及生活、科技、文化等。现代的生产力水平和经济水平可以保证人们享有更多的休闲时间，于是休闲时代开始来临。而博览业巧妙地连接起知识和休闲，在知识经济和休闲经济已经来临的新时代，博览业必将作为一种新兴产业，受到广大消费者的欢迎。

著作的缘起

笔者之一振中在著写《体验业，改变未来》的过程中常常会去思考知识经济、体验业与知识经济之间的关系，并打算写一本关于知识经济的著作，后来常常思考一些项目的性质以及它们和知识经济的关系，如世界之窗、锦绣中华、动物园、美术馆这样的项目到底属于什么产业，是体验业，旅游业，还是博览业？

很快，振中初步意识到他们以及众多的博览会、展销会、博物馆、植物园、艺术馆均属于博览方面的行业，本质都是通过展品来传播知识与信息，这和书籍通过语言（文字）传播知识与信息、广播通过语言（声音）传播知识与信息、电视通过视频传播知识与信息类似。于是振中去查找书籍、学术资料查证是否已经有人论证过这样的观点，发现虽然有些学者、组织提出类似的观点，但是和振中的理论还是有很大的差距。比如国际展览局仅仅关注的是博览会、展览会，几乎不关注博物馆、动物园、植物园等；国际博物馆协会提出动物园、植物园也属于博物馆，但是他们认为博览会不属于博物馆；国际博物馆协会以及很多国家的博物馆法律法规认为博物馆不可以营利，这对该产业的发展是一个极大的束缚；而且，很多学者、经营者常常更加重视产品营销、文物保护、文物研究、动植物多样性保护、动植物研究等功能，以获得相关的科研成果为荣，反而不那么重视这些项目的教育、普及知识与信息的功能；很多大学开设了博物馆学专业，但是它们多数设在历史学系或考古学系。可以说，人们常常把展览历史为主的博物馆等同于所有类型的博物馆，将博物馆等同于博览方面的行业，远远还没有真正认清这个行业的本质、基本规律及重要意义。

于是振中决定先写一本相关的著作，并将这个产业命名为博览业。后来，振中的好友——笔者陈运发、李乃治也对这个课题非常认同，于是大家相互碰撞、交流观点，共同完成了本著作。

希望

古代有李白、徐霞客这样的旅游者，却没有旅游业；古代有花匠、卖花女，却没有花卉业；古代有指路者，却没有导航业。而现在，旅游业、花卉业、导航业都有了，甚至像荷兰这样的国家其旅游业、花卉业占国内生产总值（GDP）的比重还非常大。这样的现象举不胜举，不一而足。

古代的生产力水平低，科学技术不发达，知识匮乏，人口少，导致很多需求仅仅处于萌芽状态，无法形成一个强大的产业。现代生产力水平高，科学技术发达，知识丰富，人口众多，使得很多在古代萌芽的需求能逐渐强大，最后形成一个较大的产业。所以现代的产业分工、产业数量也要比古代丰富、复杂。

因此，笔者认为，谁能抓住先机，谁就能成为这个新兴产业的领跑者、推动者、获利者。而航空业、报业、影视业、广告业、会展产业、互联网业（包括网络搜索业和网购业）、物流业这样的产业无一不是新兴而迅速崛起的朝阳产业，也造就了冯·诺依曼、比尔·盖茨、马云、马化腾、李彦宏这样的一大批新兴产业的成功者。

现在，博览业虽然已经略具规模，尤其是博览会领域发展进入成熟期，涌现出很多的专业的、大型的企业。但是目前还是有很多的问题，如很多博物馆、动物园、植物园、美术馆等博览项目都是政府部门管理的事业单位，鲜有连锁的、大型的、专业的、自主盈利的博览项目；大部分博物馆都是历史博览馆，很少有天文、地质地理、医药学、养生等科普型的博览馆；很多博览项目在传播知识与信息方面做得相当差（就像一位差劲的老师），很多展品没有恰当的说明甚至没有说明，很多说明过于学术化而没有传递老百姓喜闻乐见的实用知识或信息，观众只能走马观花似的简单看看，无法学到丰富的知识与信息（逛过植物园的读者可以回想一下：你逛完植物园后除了叫不出几个名字来的一堆植物还学到了多少知识）；劣质的服务态度；简陋的服务设施；等等。

可以说，博览业的发展还有很大的挖掘空间。如何在全球化的语境下，在人们对精神文化生活的要求越来越高的形势下，站在知识经济、休闲时代的潮头，充分发挥博览业的传播国际性视野内的实用知识、迅速提高民众综合素质、展示并发扬本民族优秀文化、在国际舞台上提升国家或地区文化话语权及形象、丰富休闲生活、增加经济产量、提高就业率等积极效能，打造学习型国家与社会，满足人们在经济、政治、文化上的进一步期待，是一个崭新的时代命题。

张之洞在 1893 年主张开设博物院说："文字明，其义有不能明者，非图谱不显；图谱明，其体有不能明者，非器物不显。"[①]大教育家蔡元培也曾说："然如美术馆、博物院、展览会、科学器械陈列所等，均足以增进普通人之智德，而所费亦皆不甚巨。愿希望研究通俗教育者，设法提倡此种有益之举，则获益尤非浅鲜也。"[②]透过这些名人的话，我们已经能感受到博览业在知识经济时代传播知识与信息方面独到的价值与地位，这值得我们仔细品味。

笔者认为目前这些博览服务总量规模还较小，也缺乏系统的理论作为发展的

---

① 傅振伦．近百年博物馆事业先辈的事迹[J]．//李淑萍．博物馆学研究论文选．西安：西北大学出版社，1994：95.

② 蔡元培．在北京通俗教育研究会演说词．东方杂志，1917，14(4)：201.

精神支持。笔者希望能有一批有识之士，看到博览业的价值与潜力所在，大力推动我国乃至全世界的博览服务迅速发展，既造福人们，也成就自己。笔者认为，植物园、中药博览园、动物园、世界之窗、民俗村等很多博览项目完全可以走产业化、品牌化、连锁经营、跨国经营的道路。笔者建议，那些争“西门庆故里”、“秦桧故里”等的地方不如多花点心思结合旅游业发展博览业。

相信肯定有人冒出种种怀疑和观望，比如怀疑笔者提出博览业的概念和理论是个人的学术性炒作，是假大空的理论，不切实际；认为笔者夸大其词，博览业没有很大的市场潜力，很难盈利，不值得进入；认为博览业的发展还要等待很久，等别人发展起来了再进入不迟；等等。翻阅历史，这些怀疑和观望在旅游业、动漫业、数码电子业等事物刚刚发展的时候也存在过，柯达公司的破产重组就是一个很好的例子，多看看历史就能帮助我们消除这些怀疑、偏见。

2011 年 10 月 18 日，中国共产党第十七届中央委员会第六次全体会议通过了《中共中央关于深化文化体制改革推动社会主义文化大发展大繁荣若干重大问题的决定》，明确提出“努力建设社会主义文化强国”；“不断开创全民族文化创造活力持续迸发、社会文化生活更加丰富多彩……人民思想道德素质和科学文化素质全面提高的新局面”；“文化产业成为国民经济支柱性产业，整体实力和国际竞争力显著增强，公有制为主体、多种所有制共同发展的文化产业格局全面形成”；“坚持以人为本……促进人的全面发展”；“加强文化馆、博物馆、图书馆、美术馆、科技馆、纪念馆、工人文化宫、青少年宫等公共文化服务设施和爱国主义教育示范基地建设并完善”；“必须构建结构合理、门类齐全……富有创意、竞争力强的现代文化产业体系”；“加快发展文化创意、数字出版、移动多媒体、动漫游戏等新兴文化产业”；“推动文化产业与旅游、体育、信息、物流、建筑等产业融合发展……延伸文化产业链，提高附加值”；“要创新商业模式，拓展大众文化消费市场，开发特色文化消费，扩大文化服务消费，提供个性化、分众化的文化产品和服务……引导文化企业投资兴建更多适合群众需求的文化消费场所”；“创新对外宣传方式方法，增强国际话语权”[1]。党对文化产业的重视与大力支持以及各种扶持政策无疑为我们发展博览业创造了大好的时代机遇。

天时地利已有，只待人和。时不我待，我们应该割去柯达式的傲慢，为实现中华民族伟大复兴的中国梦，尽早出发！

致谢

振中在此首先要感谢我的父母、姑父姑妈、姐夫和姐姐，他们在极其艰难的情况下尽力支持笔者接受较好的教育。还要感谢我的夫人胡丹，她大力支持了我的写作及相关工作。另外，感谢所有支持我的亲友，谢谢你们！还要感谢深圳图书馆为市民提供良好的研究环境，包括流动式社区图书馆、网络服务等。

三位作者同时感谢西南财经大学出版社的何春梅编辑以及李晓嵩编辑为本书的完善提了很多宝贵的建议。

联系方式

由于笔者学识水平有限、获取资料的途径有限、资料甄别的艰难等原因，虽然是尽力而为，但是本书仍不免出现一些不足或错误，欢迎大家提出宝贵的建议、批评指正。

联系方式（振中）：

电子邮箱：41396951@ qq. com，博客：http://bolanye. blog. 163. com

---

① 中共中央关于深化文化体制改革推动社会主义文化大发展大繁荣若干重大问题的决定[N]. 人民日报，2011－10－26(1).

Bolanye
Gaibian
Weilai

目录

第一章　名正言方顺，先辨清博览业的概念

笔者认为，下定义是学者逻辑能力、概括能力的集中体现。因此，笔者非常重视概念的廓清与梳理，我们先来厘清博览业的概念。

博览、展览、展销、会展、旅游、展览馆、博物馆、纪念馆、美术馆等事物之间究竟是什么关系？如何区分它们？植物园、动物园属于博览业吗？笔者将在本章中为读者拨开乱象，解读博览业的本质，为下面章节的论述奠定基础。

第一节　看看目前的乱象

博览业作为一个新兴的行业，虽然已经有不短的发展历史，但是目前仍缺乏统一、公认、权威的定义，乃至于博览业或博览项目的概念与展览业、会展业、博物馆、展销等概念混淆不清，真可谓乱象环生。

目前，比较具有代表性的定义大概有如下几种：

一、《新华词典》与《现代汉语大词典》等的定义

（一）《新华词典》中的定义①

商务印书馆出版的《新华词典》（修订本）中对“博览”等词进行这样的定义：

博览：广泛地阅读。例：博览全书。

博物馆：一种文化机构。保藏并展出有关历史、文化、科学、艺术等方面

① 商务印书馆辞书研究中心．新华词典［M］．修订本．北京：商务印书馆，2001.

的文物资料或标本。

博览会：多指由一个国家主办而有许多国家参加的工农业等产品的大型展览会。

展览：把东西摆出来供人观看。

展销：用展览的方式销售。

（二）《现代汉语大词典》中的定义①

上海世纪出版股份有限公司、上海辞书出版社出版的《现代汉语大词典》中对"博览"等词进行这样的定义：

博观：广泛地观察或观览。

博物：①对动物、植物、矿物、生理等学科的统称。②泛称万事万物，如博物馆。

博物学家：旧时对博通动物学、植物学、矿物学、生理学等自然科学专家的尊称。

博物院：博物馆。

博物馆：收藏、陈列、展览、研究有关物质文化和精神文化的实物、标本的机构。

博览：广泛阅览。

博览会：组织许多国家参加的大型产品展览会，也指一国举办的大型产品展览会。

展览会：展出物品供人参观、欣赏的集会或机构。

展览品：陈列出来供人观看的物品。

展览馆：专门用来陈列各种展览品的建筑物。

展销：集中展出并销售。

① 《现代汉语大词典》编委会. 现代汉语大词典［M］. 上海：上海世纪出版股份有限公司，上海辞书出版社，2009.

（三）《译文版牛津英汉双解词典》中的定义①

《译文版牛津英汉双解词典》中对“博览”等词进行这样的定义：

display：n. A performance, show, or event intended for public entertainment. 展示；表演。

A collection of objects arranged for public viewing. 陈列；展览品。

exhibition：n. A public display of of works of art or other items of interest, held in an art gallery or museum or a trade fair. 展览，展览会，博览会。

exposition：n. A large public exhibition of art or trade goods. 展览会，博览会。

fair：n. （Also agricultural fair）A competitive exhibition of livestock, agricultural products, and household skills held annually by a town, county, or state and also featuring entertainment and educational displays. 农贸集市。

A periodic gathering for the sale of goods. 定期集市。

An exhibition to promote particular products. 商品展览会，商品展销会，商品交易会。

二、《国际展览会公约》、国际博物馆协会章程中的定义

（一）《国际展览会公约》② 中的定义

《国际展览会公约》第一章定义和宗旨中第一条这样对展览会进行定义：“无论名称如何，展览会均是一种其核心目的在于公众教育的展示。为实现这个目的它可以展示人类所掌握的满足文明需要的手段，展现人类在某一个或多个

---

① 张柏然，等．译文版牛津英汉双解词典［M］．伦敦：牛津大学出版社，上海：译文出版社，2011.

② 现行《国际展览会公约》于1928年11月22日在巴黎签署，并经1948年5月10日、1966年11月16日、1972年11月30日《议定书》和1982年6月24日及1988年5月31日《修正案》增补。

领域经过艰苦奋斗所取得的进步，或展望发展前景”[①]。

但是该公约的第二条就该公约的适用范围又进行了这样的特别规定：“本公约适用于除下列展览会以外的一切国际展览会：①展期不超过3个星期的展览会；②美术展览会；③实质上属于商业性质的展览会。”[②] 该规定是否说明该公约在定义中排除了上述形式的展览会？还是仅仅在适用上作了排除？我们不得而知。

该定义在一定程度上揭示了博览业的本质——为人们提供某主题方面的系统的知识或信息（笔者将在后文详细展开阐述），因此比较科学、可取，但是仍然有点简陋。

【小知识】

国际展览局（Bureau International des Expositions，BIE）是由法国发起，根据《国际展览会公约》于1928年成立的国际组织，是专事监督和保障《国际展览会公约》的实施、协调和管理举办世博会并保证世博会水平的政府间国际组织，总部在法国巴黎。官方网址：http：//www. bie－paris. org/。

（二）国际博物馆协会章程中的定义[③]

国际博物馆协会在其章程中第三条对博物馆进行了定义：“博物馆是一个为社会及其发展服务的、向公众开放的非营利性常设机构，为教育、研究、欣赏

---

① 中文为笔者翻译，英文原文：An exhibition is a display which，whatever its title，has as its principal purpose the education of the public：it may exhibit the means at man's disposal for meeting the needs of civilisation，or demonstrate the progress achieved in one or more branches of human endeavour，or show prospects for the future. 参见“CONVENTION”中的“PART I Definitions and Objectives”，该文件可以在国际展览局官方网站下载，网络地址为：http：//www. bie－paris. org/site/en/main/convention. html。

② 中文为笔者翻译，英文原文：This Convention applies to all international exhibitions except：

a）exhibitions lasting less than three weeks；

b）fine Arts exhibitions；

c）exhibitions of an essentially commercial nature.

参见“CONVENTION”中的“PART I Definitions and Objectives”，该文件可以在国际展览局官方网站下载，网络地址为：http：//www. bie－paris. org/site/en/main/convention. html。

③ 参见《国际博览馆协会章程》，2007年修订版。国际博览馆协会章程的官方版本为法语版，其他语种译文均应以法语版本为源。涉及官方正式表达和法律问题等须参考其法语版本，法语版《国际博览馆协会章程》可以在下载国际博物馆协会官方网站，网址：http：//icom. museum/fileadmin/user_ upload/pdf/Statuts/statuts_ fr. pdf。

的目的征集、保护、研究、传播并展出人类及人类环境的物质及非物质遗产。”①

很显然，该定义比较的科学，但是仍然不能让笔者满意。比如，该定义认为博物馆应该一定是非营利性的，笔者不赞成这样的僵化思维。笔者认为，博物馆大都可以是营利性质的，只有少数例外，譬如那些展品的产权属于政府的历史博物馆。

另外，国际博物馆协会在其章程第二条中提出它的任务是“致力于社会自然遗产和文化遗产，包括现在的和将来的、有形的和无形的遗产之保存、延续及传播”。② 这也显示它没有将传播知识与信息当成博物馆的核心任务，而只是任务之一。笔者则认为博览业的核心任务是通过博览项目向参观者提供某主题的系统的知识或信息（笔者将在后文详细展开阐述）。

【小知识】

国际博物馆协会（International Council of Museums，ICOM）是博物馆的国际学术组织。1946 年由美国博物馆协会会长 C. J. 哈姆林倡议创立。总部设在法国巴黎市联合国教科文组织内。1947 年国际博物馆协会和联合国教科文组织签订了合作协定。从此，其成为执行联合国教科文组织发展博物馆事业规划的合作者。1977，国际博物馆协会将该年 5 月 18 日定为第一个国际博物馆日，并每年为国际博物馆日确定活动主题。官方网址：http：//icom. museum/。

---

① 法文版为：Le musée est une institution permanente sans but lucratif，au service de la société et de son développement，ouverte au public，qui acquiert，conserve，étudie，expose et transmet le patrimoine matériel et immatériel de l’humanité et de son environnement à des fins d’études，d’éducation et de délectation.

② 法文版为：L’ICOM est l’organisation internationale des musées et des professionnels de musée vouée à la conservation，à la pérennité et à la transmission à la société，du patrimoine naturel et culturel mondial，présent et futur，matériel et immatériel.

三、中、日、法等国有关法律法规中的定义

（一）中国文化部《博物馆管理办法》中的定义①

中国文化部于2005年12月22日发布《博物馆管理办法》，该规章自2006年1月1日起施行。《博物馆管理办法》中第二条给出了博物馆的定义：

"本办法所称博物馆，是指收藏、保护、研究、展示人类活动和自然环境的见证物，经过文物行政部门审核、相关行政部门批准许可取得法人资格，向公众开放的非营利性社会服务机构。"

这样的定义显然不包括植物园、动物园，因为植物园和动物园分别由住房与城乡建设部、国家林业局等主管，取得法人资格无需经过文物行政部门审核。但是笔者认为植物园、动物园就是植物博览园、动物博览园的简称，也属于博览业中生物博览业的一部分。

（二）日本《博物馆法》中的定义

日本于1951年12月1日起实施，2008年6月11日修订的《博物馆法》中第2条对博物馆这样定义的：

"本法所称的'博物馆'是指收集、保管（培育）、展示有关历史、艺术、民俗、产业、自然科学等有关资料，并基于教育的考虑供一般民众利用、教学、调查研究或娱乐等，同时对上述资料进行调查研究的机构。"②

（三）法国《博物馆法》中的定义

法国《博物馆法》第一条第二款如此定义博物馆：

"依据本法令规定，博物馆是通过保存与陈列永久性的非营利性收藏，并以提供知识、教育和欣赏为目的的场所。"③

---

① 参见《博物馆管理办法》，中华人民共和国文化部制定，2005年12月22日发布。中国政府网可以下载，网址为：http：//www. gov. cn/flfg/2006－01/09/content_ 151766. htm。

② 中文由笔者翻译，日文原文为：この法律において「博物館」とは、歴史、芸術、民俗、産業、自然科学等に関する資料を収集し、保管（育成を含む。以下同じ。）し、展示して教育的配慮の下に一般公衆の利用に供し、その教養、調査研究、レクリエーション等に資するために必要な事業を行い、あわせてこれらの資料に関する調査研究をすることを目的とする機関。

③ 中国国家文物局，中国博物馆协会．博物馆法规文件选编［M］．北京：科学出版社，2010：169.

（四）爱沙尼亚《博物馆法案》中的定义

东欧国家爱沙尼亚在《博物馆法案》中没有明确给出博物馆定义，但是在第三条博物馆的法律地位与职能中给出了类似定义的规定：

“博物馆应收集、研究和保存与人类和环境相关的、与具体某一领域相关的具有文化价值的物品，并为科学、教育和娱乐之目的组织对公众的知识传播。”①

四、澳大利亚、加拿大博物馆协会的定义

（一）澳大利亚博物馆协会的定义

澳大利亚博物馆协会在2002年通过的协会章程中对博物馆这样定义：

博物馆通过运用藏品和理念解释过去和现在、探究未来的方式来帮助人们理解世界，一个博物馆保护和研究藏品，使藏品及其信息在真实或虚拟的环境中更加易于理解。博物馆是为了公众利益而永久性开设并向社会做出长远贡献的非盈利组织。

澳大利亚博物馆协会认为科学、历史和艺术博物馆可能会以其他的名字命名（包括画廊和保留地），因此，以下机构可能会根据本定义而也被视为博物馆：

（1）具有“收集、保护和展示有关人们及其生活环境的证据材料”这一博物馆特征的自然、考古和民族纪念地和遗址，历史纪念地和遗址；

（2）拥有动植物藏品和展示动植物样品的机构，如植物园、动物园、标本馆、水族馆和人工生态园；

（3）科研中心；

（4）促进世界物质或非物质遗产（活的遗产和数码创造活动）的保护、传承和管理的文化中心和其他实体；

（5）澳大利亚国家博物馆理事会认定的具备全部或部分博物馆特征的其他

---

① 中国国家文物局，中国博物馆协会．博物馆法规文件选编［M］．北京：科学出版社，2010：185.

机构。①

这样的定义同样存在诸多问题，如强调必须是非盈利的，强调保护、研究藏品。

【小知识】

澳大利亚博物馆协会成立于1993年，是澳大利亚博物馆行业的全国性社会团体，并在澳大利亚境内设立了8个分支机构。作为一个非政府、非盈利组织，该协会致力于对澳大利亚历史、自然及本土文化遗产的保护、延续及交流，推动博物馆的发展。官方网站：www. museumsaustralia. org. au。

（二）加拿大博物馆协会的定义

加拿大博物馆协会是这样定义博物馆的：

博物馆是为公共利益而创设的机构，它吸引参观者并培养更深入的理解，增加愉悦和对真正的文化、自然遗产的分享。它收集、保护、研究、解释、展示社会与自然的物质与非物质见证物。博物馆作为教育机构为争议性的调查研究提供物理论坛。

博物馆是永久性的、非盈利的、定期向公众开放的机构。本定义包括那些具有相同目标以及具有博物馆全部或部分功能的机构，因此，下列机构也被视

---

① 中文为笔者本人翻译，英文原文为：A museum helps people understand the world by using objects and ideas to interpret the past and present and explore the future. A museum preserves and researches collections, and makes objects and information accessible in actual and virtual environments. Museums are established in the public interest as permanent, not - for - profit organisations that contribute long - term value to communities.

Museums Australia recognises that museums of science, history and art may be designated by many other names (including Gallery and Keeping Place). In addition, the following may qualify as museums for the purposes of this definition:

(a) Natural, archaeological and ethnographic monuments and sites and historical monuments and sites of a museum nature that acquire, conserve and communicate material evidence of people and their environment; (b) Institutions holding collections of and displaying specimens of plants and animals, such as botanical and zoological gardens, herbaria, aquaria and vivaria; (c) Science centres; (d) Cultural centres and other entities that facilitate the preservation, continuation and management of tangible or intangible heritage resources (living heritage and digital creative activity); (e) Such other institutions as the [Museums Australia National] Council consider as having some or all of the characteristics of a museum.

参见澳大利亚博物馆协会官方网站，网址：http：//www. museumsaustralia. org. au/site/what_ is_ a_ museum. php。

为博物馆：

展览场所，如艺术画廊、科技演示中心等；

植物动物收集展示机构，如植物园、生态馆、动物园、水族馆、昆虫馆等；

促进现存物质与非物质文化遗产资源的保护、延续、管理的文化单位，如保留地、文化遗产中心等；

自然的、考古的、民族的、历史的遗迹遗址。[①]

【小知识】

加拿大博物馆协会于1947年在魁北克城成立，是加拿大博物馆行业的全国性社会团体，现有近2 000个会员，现设在加拿大首都渥太华。作为一个非政府、非盈利组织，该协会致力于对推动加拿大博物馆的发展，包括出版刊物，举办行业论坛与会议，提供培训和专业发展计划指导。官方网站：http：//www. museums. ca/。（笔者根据其官方网站介绍资料翻译整理）

五、会展业理论中的定义

（一）杨春兰主编的《会展概论》[②] 中的定义

该书是这样定义展览会的：展览会是一种具有一定规模和相对固定的举办日期，以展示组织形象或产品为主要形式，以促成参展商和贸易观众之间的交

① 中文由笔者翻译，英文原文为：Museums are institutions created in the public interest. They engage their visitors, foster deeper understanding and promote the enjoyment and sharing of authentic cultural and natural heritage. Museums acquire, preserve, research, interpret and exhibit the tangible and intangible evidence of society and nature. As educational institutions, museums provide a physical forum for critical inquiry and investigation.

Museums are permanent, not－for－profit institutions whose exhibits are regularly open to the general public. This definition encompasses institutions that pursue similar objectives and accomplish most or some of a museum's functions. Accordingly, the following are also recognized as museums:

· Exhibition places such as art galleries and science and interpretation centers;

· Institutions with plant and animal collections and displays, such as botanical gardens, biodomes, zoos, aquariums and insectariums;

· Cultural establishments that facilitate the preservation, continuation and management of tangible and intangible living heritage resources, such as keeping houses and heritage centers;

· Natural, archaeological, ethnographic and historical monuments and sites.

参见加拿大博物馆协会官方网站首页，网址：http：//www. museums. ca/。

② 杨春兰，等．会展概论［M］.2版．上海：上海财经大学出版社，2010.

流洽谈为最终目的的中介性活动。①

（二）余明阳、姜炜编著的《博览学》② 中的定义

余明阳、姜炜编著的《博览学》中没有采用一般会展业理论通用的“会展业”的概念，而是采用了“博览业”、“博览产业”的说法，不过具体内涵则和一般会展业理论无异，即包括博览会（展览会、交易会）、会议、商业性节庆活动、大型体育赛事等。具体如下：

“‘博览’是展览、会议、交易会、商业性节庆以及大型体育运动会等活动的合称，是指在一定的时空范围内，有人、物、信息集聚而形成的，定期或非定期的，遵循一定规则的广泛参与性的和平活动。”

“博览产业是指由博览经济运动而引起的相互联系，相互作用，相互影响的同类企业及经济活动的总和。”③

（三）陈志平等编著的《会展经济学》④ 中的定义

陈志平、刘松萍、余国扬编著的《会展经济学》中仅在开始提及狭义与广义的会展的定义，并未明确给出展览会、展览业等的定义。但是该书在第七章第二节会展的本质是信息传播的载体中提出：“会展的本质是物质与精神及其信息交换或交流的媒介和载体。”还进一步阐述“展览会从字面上解释，‘展’即展示，‘览’即观赏，‘会’即很多人聚首交流。由字面上就可以看出，会展具有展示、传递、交流和传播信息的功能，明显属信息传播范畴”。⑤

笔者认为，我们给事物下定义基本上就是要揭示其本质，因此该书这一段关于展览会本质的阐述，可以权且看成该书对展览业的定义。

那么尽管这样的定义没有明确地提出来，但是笔者认为这个定义具有重要的学术价值，该定义与笔者的定义比较接近。笔者认为博览业本质就是通过展

---

① 杨春兰，等．会展概论［M］．2版．上海：上海财经大学出版社，2010：102.

② 余明阳，姜炜．博览学［M］．上海：复旦大学出版社，2005.

③ 余明阳，姜炜．博览学［M］．上海：复旦大学出版社，2005：20－22.

④ 陈志平，刘松萍，余国扬．会展经济学［M］．北京：经济科学出版社，2005.

⑤ 陈志平，刘松萍，余国扬．会展经济学［M］．北京：经济科学出版社，2005：188.

品传播知识与信息。另外，该书提出的展览会属于信息传播范畴也具有一针见血、入木三分的学术价值①，但很多学者对此视而不见。

（四）薛坤的定义②

薛坤在2011年的历史学硕士毕业论文《近代中国博览事业的起步和发展（1851—1937）》中采用了“博览事业”、“博览会事业”的提法，并专门在绪论中第二节概念界定中详细分析了博览业的有关定义问题，包括引用了《辞海》、《简明大英百科全书》的定义。③ 他提出这样的定义：“博览事业，也称博览会事业，是近代资本主义工业文明发展的产物。博览事业是对近代兴起的各种博览会，以及各种固定陈列的博物馆、陈列所等等的统称。”④

虽然他在定义中没有按通常产业称谓方式采用“博览业”，而是采用“博览事业”这样拗口的叫法，而且还将“博览事业”等同于“博览会事业”，但是他将博物馆列入概念涵盖的范围是一种进步（虽然恰恰是这样的表述使得他这样做会与前面的表述“博览事业，也称博览会事业”自相矛盾），但许多学者没有注意到这一点。

薛坤还在后文指出：“和博览会密切相关的博物馆，也称博物院、陈列所、展览馆等。通常博览会中的一些展品，在会后归到博物馆收藏、展览。相对于博览会，博物馆的展览更加固定化、常态化。”这实际上指出了博览会与博物馆的重要区别（笔者将在后文详细展开阐述）。薛坤引入了博物馆、博物院、陈列所、展览馆等名词，并认为他们的关系是等同关系（笔者将在后文详细展开阐述它们之间存在的差别），拓展了人们的思路。

薛坤的定义是笔者敬佩的定义之一，这表明他有认真思考这里面的真实逻辑，并将之呈现给读者。

---

① 该书前面还介绍了信息资源的含义、形态、特征等有关知识，后文还简要介绍了有关传播学的基础理论，分析了会展信息的特征、会展信息化等内容，非常让人钦佩。

② 薛坤．近代中国博览事业的起步和发展（1851—1937）［D］．苏州：苏州大学，2011.

③ 薛坤．近代中国博览事业的起步和发展（1851—1937）［D］．苏州：苏州大学，2011：2.

④ 薛坤．近代中国博览事业的起步和发展（1851—1937）［D］．苏州：苏州大学，2011：1.

第二节 本书的定义

一、定义

笔者对博览业及相关术语的定义如下：

博览项目：将某主题的众多的展品集中展示，并且一般都提供必要的说明，以期为人们提供该主题方面的系统的知识或信息的项目。

提供说明的形式可以是文字说明，也可以是语音说明，也可以是真人讲解员现场为参观者进行解说，还可以是影视电子屏在展品旁播放解说画面进行解说。

其中，短期的博览项目可以称为博览会、博览节等，长期的室内博览项目可以根据建筑结构的不同分别称为博览馆、博览室、博览楼、博览阁、博览大厦、博览中心等，长期的室外博览项目或室内室外均有的博览项目可以称为博览园、博览馆、博览院、博览苑、博览场、博览基地、博览中心等。例如，近代实业家、教育家、社会活动家张謇于1905年创建的中国第一座现代公共博览馆——南通博物苑（江苏省南通市，官方网址：http：//www. ntmuseum. com/）采用了“苑”的命名。因此前文提到的《现代汉语大词典》中的定义将博物馆等同于博物院其实不是很准确的，“院”一定要有房子有院子，“馆”则可能有院子也可能没有。

博览项目其实是“博览展品项目”的简称。由于汉语语言习惯中博览的可以是书，如成语“博览群书”，自然也可以博览电影、电视等，所以“博览项目”这个词并不是很准确，叫“博览展品项目”更准确一些。但是“博览展品项目”这样的词汇自然过于冗长，而且近代以来形成的“博览会”、“博览馆”等新词汇已经形成了新的语言传统，因此笔者认为可以将“博览展品项目”简称“博览项目”，“博览项目”的命名是比较恰当的。当然博览项目也可以说是“博大的展览项目”的简称，不过这样解释有点勉强。

生活中有些博览项目名称并没有出现“博览”等字样，但依然属于博览项目，如北京植物园、深圳世界之窗（广东省深圳市，官方网址：http：//www. szwwco. com/）、中华民俗文化村（广东省深圳市，官方网址：http：//www. cn5000. com. cn/）等。

博览业：提供博览项目服务的行业。

博览学：研究博览项目、博览活动的学科、科学知识。

博览需求：人们希望参观博览项目的需求。

博览资源：适合、可以提炼出博览项目展品的资源。

【小知识】

南通博物苑位于江苏省南通市，由晚清状元、近代著名实业家、教育家、社会活动家张謇于1905年创办，是中国第一座现代公共博览馆。同年，他还上书清政府，建议为顺应世界发展潮流、中国社会需要，推广博物馆。南通博物苑藏品分天产、历史、美术、教育四部，主要陈列于南馆、北馆等展馆内，而大型文物标本则展示于室外。且苑中广植花草树木、养殖珍禽异兽，与室内展品呼应。南通博物苑遵循张謇“设为庠序学校以教，多识鸟兽草木之名”的办馆理念，尤其注重科普教育和科学研究活动，积极进行知识传播。1938年南通博物苑沦为日军的马厩，惨遭破坏。新中国成立后，博物苑获得重建。

张謇思想开明，倡导实业与教育兴国。他先后创办大生纱厂、大达轮船公司等，并投资苏省铁路公司、大生轮船公司等。他利用实业积累的资金大力发展教育，先后创办通州师范学校、南通博物苑等。（资料来源于南通博物苑官方网站介绍，笔者还综合了其他资料）

二、说明

（一）提供说明非必需但一般都会有

我们不能以是否有提供必要的说明来衡量一个项目是否属于博览项目。因为有些博览项目提供的知识或信息比较简单，人们基本都能识别，是可以不提供说明的，或者说提供说明是不必要的。

但是这种情况非常少。为什么呢？因为如果人们对于该博览项目提供的知识或信息基本都能识别的话，则那个博览项目可能不具备足够吸引力，人们不会去举办这样的博览项目。而人们愿意去举办的博览项目，一般都希望通过这样的项目向人们提供该主题方面的系统的知识或信息，因此参观者相对举办者来说对这种知识和信息是比较陌生的、有参观的兴趣或动力的，因此绝大部分博览项目都会提供必要的说明。

更多的情况可能是，整个博览项目中，主办方会因为某些展品非常容易识别而未针对该展品提供任何说明，因为某些展品比较容易识别而针对该展品提供简明扼要的说明，因为某些展品比较难以识别、理解而针对该展品提供详尽的说明。

（二）博览项目是否可以营利

虽然历史上以及现在出现了很多的私立博览项目，同时国际博物馆协会、多个国家的博物馆协会、多国的现有有关法律等众多主体或文本规定了博览项目必须是非营利机构，但不断有学者提出怀疑，如魏小安、王春利等。①

笔者要告诉大家的是，非营利性并非博览业的本质属性，这样的自我束缚是完全没有必要的，并且严重打击了民营资本进入博览业的积极性，阻碍了博览业的蓬勃发展，这也将与中国共产党第十七届中央委员会第六次全体会议通过的《中共中央关于深化文化体制改革推动社会主义文化大发展大繁荣若干重大问题的决定》的发展文化产业的精神相违背。李金生在其硕士学位论文《博物馆产业化问题初探》中指出："当前中国博物馆事业整体上处于颓势，大多数博物馆面临着极大的困境，有的甚至是生存危机……对企业而言，经营博物馆的过程中，在营利方面较难有利润是其最大的风险。"② 笔者认为，该束缚和这种状况是具有重大因果关系的。

注意，笔者这里说的营利性与非营利性，并不是指是否有资金收入或者有

---

① 魏小安，王春利．博物馆的市场化［J］．//北京博物馆学会．北京博物馆学会第四届学术会议论文集．北京：北京燕山出版社，2004：9－15.

② 李金生．博物馆产业化问题初探［D］．济南：山东大学，2008.

财务结余，而是指其主要目的是为了营利还是非营利。任何组织或行业要生存下去都必须有支撑其各项开支的财务来源。只不过，营利组织的主要收入来源于向客户以市场价格出售的商品和劳务，有利润考核指标；而非营利组织的大部分收入不是来自于以市场价格出售的商品和劳务，而是来自其成员缴纳的会费和支持者的捐赠等，无利润考核指标。在中国，政府管理的博物馆属于比较特殊的非营利博览项目，它们是事业单位。其主要收入来源不是面向观众收费，也不是来自于会员会费或社会捐赠，而是来自于财政拨款。另外，笔者所说的营利性既包括以营利为目的的博览项目附属服务，如提供纪念品、复制品、餐饮、复印等产品、服务，也包括通过博览项目本身的博览服务营利。

笔者认为，按是否具有营利性来区分，博览项目可以分为营利性项目和非营利性项目（第三章博览业的分类中会进一步阐述）。一般来说，如下四类博览项目确实应作为非营利项目：

1. 全部或大部分的展品所有权属于国家或地方政府的博览项目

例如，众多的历史博览馆内的文物、展品基本上属于国家或地方政府的。大家想想看，如果国家拿着所有权属于人民的展品干着营利的事情，显然是不合适的。因此，需要特别提示的是，即使是展品属于国家或地方政府的，笔者也认为可以针对非本国或非本地观众适当营利，这样依然是公平、合理的。这个道理和旅游风景区的收费有点类似。

2. 国家或地方政府给予资金保障，并因此明确要求不得营利的博览项目

国家或地方政府因为扩大科普、丰富民众文化、提升自身形象、打造政绩等多方面的原因，会因此给予某些博览项目资金保障，应因此明确要求不得营利的博览项目。

3. 属于历史纪念性质的博览项目

不管是国家或地方政府经营，还是民间机构经营，具有庄严、肃穆气氛的历史纪念性质的博览项目都不适合作为营利性的项目。大家试想一下，如果某民企来经营南京大屠杀博物馆或杨靖宇纪念馆还借此营利的话，显然是不合适

的。因此我们也可以据此推断出，这样的博览项目如果有民间机构愿意来经营，那么也一定是当成公益事业来做的，否则政府在设立、转让等审批环节应该不予批准。

4. 其他公益性、道德性博览项目（大都是一些特例）

这里笔者要再做一个说明，毕竟生活中总是有些特例。例如，某名人逝世前带着公益性的目的将其有纪念、博览价值的物品捐献出来给当地政府或某基金会，甚至同时签有协议约定非营利性博览用途，那么当地政府或基金会据此建立的关于该名人的博览、纪念项目应该是非营利性的。

那么除此以外的博览项目可以是营利性的，包括一些国有企业也可以举办营利性的博览项目。

因此，博览业进行产业化发展就成了应有之义。笔者特别期待将来出现一些大型的、连锁型的、科普性的博览项目①，如植物博览园、医药养生博览园、安全与意外事故博览园，这些项目基本上都可以是营利性的，也特别适合一些资金实力雄厚的大型国企、民企来做这样的事业。

一些学者赞成博览业走产业化发展道路，甚至要“引入市场机制”②，却又赞成其保留“不可营利”的性质，则显得有些自相矛盾或屈从于理论大趋势而不敢越线，按此理论从业者岂不是时刻要战战兢兢查看财务报表，一旦收入超过成本，马上刹车歇业？这样只会逼从业者弄虚作假。

正因为笔者赞成大部分博览项目是可以营利的，因此笔者在本书后面特地安排了“博览业的经营”、“博览业的营销”等章节。应该来说，如何做到让消费者自愿掏钱买博览消费，完了还觉得收获颇丰，还对主办方赞赏不已，确实是一门大学问。其实也就是达到了主办方与消费者双赢的局面。谁做到了，谁就是有本事。

当然，如何合法地营利以及承担合适的社会责任是一个关于企业管理的永

---

① 美国古根汉博物馆在其他国家已相继成立数个分馆，包括西班牙毕尔包分馆。

② 张艺军．博物馆文化产业发展研究——以湖北省博物馆为例［D］．武汉：武汉大学，2005：46.

恒话题，依然需要我们研究以及通过立法或完善现有法律来解决。但是如果我们因为担心民营博览企业为追求利润而将博览项目经营过于商业化而禁止其营利则完全是因噎废食。任何一种产业都有不顾法律规定提供伪劣、不道德产品或服务的现象，但是只要我们能通过立法、执法、司法将其控制在合理范围内则均应是可以接受的。

我国现有的很多民办博物馆由于“不可营利”这一限制（以及其他方面的原因），导致其没有合法的、足够的门票收入，也因此无法持续投入宣传广告、展品扩大及更新等支出，又得不到政府的资助，从而陷入入不敷出甚至开业不久即关门的地步。①

2012 年 8 月，广东省深圳市出台了《深圳市民办博物馆扶持办法》②，在门票补贴、场地租金、税收减免等方面给予一定的扶持，这种扶持政策在一定程度上缓解了民办博览项目的资金运营压力。

事实上很多博览项目也是在营利的，如众多的植物园、动物园，广东深圳的世界之窗、锦绣中华民俗村，浙江安吉的中国竹子博览园（浙江省安吉县，官方网址：http：//www. cnbamboo. cn/）。

而且现在还有一种趋势就是一些博物馆为了获得营利的能力，将博物馆改为旅游景区或融入旅游景区或改造为博览园来规避法律规定。

【小知识】

中国竹子博览园

安吉的中国竹子博览园也称安吉竹博园，位于著名的中国竹乡——浙江省安吉县境内。1974 年中国林科院亚林所、安吉县林业局、灵峰寺林场共同创建竹种园。1996 年，建成安吉竹子博物馆，陈列室面积 400 平方米。2000 年，中

---

① 新华网新闻《散落在民间的私人博物馆》初步涉及这个问题，原文有“但是政策限制、土地拆迁、资金短缺等等因素也会让许多私人博物馆陷入窘境”，“入不敷出，让很多私人博物馆举步维艰”等论点。网址：http：//www. hn. xinhuanet. com/life/2010 -05/12/content_ 19761916. htm。

② 该文件可以在深圳市政府官方网站获取，网址：http：//www. sz. gov. cn/zfgb/2012_ 1/gb806/201209/t20120919_ 2020156. htm。

国竹子博物馆主体馆舍落成，试行开馆。2002年，作为中国竹子博物馆的经营管理单位安吉竹子博览园有限责任公司正式挂牌成立，开始走“博览+旅游”的博览园发展道路。竹博园内清风摇曳，竹影婆娑，占地80公顷的园内遍植佛肚竹、龟甲竹、金镶玉竹、香妃竹、方竹等各类竹子389余种，很多游客见所未见。在这里参观者不仅能了解到竹子习性、分布及人类加工、利用竹子的历史，还能欣赏到精彩绝伦的竹文化珍品。竹子专家和学者提供的近2 000余件竹文物、竹工艺及日用品，其中有距今3.3万年前的竹化石，6 000多年前新石器时代的仿竹陶器，从湖北荆州楚墓和湖南马王堆汉墓发掘出土的车马器片、竹简及竹乐器，巨型竹笛、竹根雕“达摩”等。竹博园还设有鸟艺表演、跑马、赛车、野营、烧烤等休闲项目。2002年被评为国家AAAA级景区，2004年被评为全国科普教育基地，2006年获全国农业旅游示范点称号。（资料来源于《中国竹子博物馆》①、中国竹子博物馆官方网站介绍，笔者还综合了其他资料）

最近开业或即将上马的大型博览园项目

（提示：根据互联网资料整理，项目情况可能会发生变化）

北京园博园

山东省青岛市西海岸香草文化博览园

山东省青岛非遗博览园

西藏扎塘寺壁画艺术博物馆

成都国际非物质文化遗产博览园

山东济南中药材产业博览园

甘肃皋兰红色文化博览园

安徽大别山珍稀中药材博览园

曲江农业博览园

四川遂宁世界荷花博览园

湖北竹山中华女性文化博览园

---

① 张宏亮．中国竹子博物馆［M］．杭州：西泠印社，2007：118.

岳阳洞庭湖博览园

云南沧源竹子博览园

井冈山睦村金银神农百草谷

广东从化岭南中草药文化博览园

海南文昌中华文化博览园

（三）知识与信息有什么区别?[①]

尽管很多学者、机构对此有独到的定义，但是本书的定义是：知识是对人类认识世界具有普遍意义的信息，属于信息的一种，信息则只对部分范围的人们认识周围的事物具有某种意义。

举例说明如下：

1. 关于时间（When）的知识与信息

伟大人物华盛顿、华佗生于哪一年，死于哪一年属于知识，而普通小人物华某某生于哪一年，死于哪一年属于信息。你的朋友问你："对了，华盛顿是哪一年死的?"如果你能回答上来你可能被称赞为是一位知识渊博的人，如果你的朋友问你："对了，咱们村里那个有6个手指的华某某哪一年死的?"你要是答出来了，那么你给你的朋友一种信息，而非知识。

2. 关于什么（What）的知识与信息

有关太阳、地球与月球之间的关系的描述属于知识，有关普通百姓王某与林某之间属于什么关系的描述属于信息。如果你的朋友问你："对了，王某和林某现在到底只是同事关系还是进入恋人关系了?"你的朋友在寻找的是一种信息，而谈不上知识。

3. 关于谁（Who）的知识与信息

第一位登上月球的人是谁？美国现任总统是谁？这些问题的答案是一个知识点；当你同学问你："我们班上第一个买房的是谁?"这仅仅是一个信息点。

---

① 本书仅进行简要的介绍，详细的分析笔者将找机会发表另外的长篇著作，系统阐述知识经济的有关理论研究心得。

4. 关于怎么办（How）的知识与信息

当人们暴露在臭氧空洞下时该怎么办？这问题的答案是一个知识点；当你朋友问你："当我老婆发现我又赌钱了该怎么办？"这仅仅是一个信息点。

上述定义说明可能某种描述是否属于知识，不同的人会有不同的看法。例如，家乡的老同学问你："对了，我们市（省）里最高的山叫什么名字?"，他可能会认为这是一种知识，因为你们曾经一起在中学的乡土教材上学习过，他记得你勤奋好学，知识渊博。这到底属于一种知识还是信息呢？仁者见仁，智者见智了。

上述定义说明可能某种描述是否属于知识，会随着条件发生变化。例如，某些艺术大师死后很久其作品的价值才开始被人们发现，此前一直默默无闻，那么有关他的生平信息在此发生了变化，变成了一种知识。

三、辨析

（一）图书馆音像店属于博览项目吗?

图书馆、阅览室、书店、书市、音像店、光盘小摊不属于博物项目。为什么呢？因为在此时，书籍、磁带、光盘、录像带等不是真正的展品。和博览项目主要通过展品外在形状、结构、大小、颜色、质地、气味等特征传播知识或信息不同，书籍等主要是通过书本内含的文字、图片等传播知识或信息；磁带等主要是通过内含的声音传播知识或信息；影视碟、光盘等主要是通过内含的视频等传播知识或信息。所以笔者认为它们不属于展品，而属于内容提供物。因此，图书馆、阅览室、书店、书市、音像店等不属于博览项目。

当然，并非书籍、磁带、光盘、录像带等绝对不能成为展品。例如，一个关于印刷或造纸历史的博览项目可以展示各个时期出版的书籍，以展示印刷术或造纸术的进步。

四川省成都市武侯祠博物馆通过展出各个时期出版的小说《三国志》以说明刘备、诸葛亮等人在民间的历史影响（见图 1 - 1，笔者摄于 2012 年 11 月 7 日），这时候书本成为一种展品。

图 1 - 1

（二）博览项目与专题性的展板、书刊、音像、网页等的差别

正如前文已经阐明的，博览项目与一般的专题性的书刊音像网页等很容易区别，大家不会混淆。例如，植物博览园与植物专题知识性的书、画册、音像制品或网站（网页），相信很容易区别。但是下面的情况则不易区别，值得单独讨论一下。

譬如这样的情况，展出的物品全部是画板、展板、电子显示屏或类似形式的，即将有关图文打印在展板上，或将有关图文、影视资料在电子显示屏上播放的。笔者认为该活动缺乏真正意义上的“展品”，因此不具博览项目的性质，和书籍、广播、电视、录像、电影等没有本质的差别。因此，如果某留学机构在广场上做留学咨询，摆放了一些画板、展板，我们不要称之为博览会。

事实上，现在很多博览会（包括一些知名的博览会）的许多展位都是采用展板 + 画册 + X 展架（易拉宝）的形式，而没有真正的展品。还有的展位虽然搭建了一些宏大美观的立体性的展台，但是本质还是一些类似展板性质的平面展示。这样的博览会质量就会下降，人们千里迢迢来参加展会，结果看到的信息其实是可能登录参展人的官方网站即可获取的，自然觉得得不偿失，慢慢地会损害博览会的品牌，希望有关业内人士重视。

但是，如果展出的物品本身就是平面作品，如绘画、书法、摄影作品的，不管它们是镶嵌在展览的框里，还是直接悬挂在墙壁上，或者张贴在展板上，都视为博览业。因为它们属于真正的展品。

如果将一个博览项目进行完整的录像，并配有一样的解说词，播放这个影像制品的行为、活动是否还叫博览项目呢？笔者认为不是，它已经是影视出版物的范畴了。因为参观博览项目与观看影视作品相比，有几个独特的优势：第一，观众有强烈的现场感，可以多角度观看展品；第二，观众有选择的自由，可以自由控制看某一展品的角度、时间长短，是否拍照等。

笔者注意到，有些人士意识到了这个问题，如上海中药博物馆官方网站的介绍资料中有这样的描述：“……全馆展项展品合计 3 164 件，其中……校史陈列馆……共计 722 件（不含 112 块展板）。”①

图 1 - 2

图 1 - 2 中的书是由深圳博物馆编写的《近代深圳》里面的内容基本上就是深圳博物馆内展出的内容，基本上以照片的形式呈现的，然而人们看该书与看展品效果是差别很大的。

① 笔者推测这里的“展版”属于错别字，应为“展板”。参见上海中药博物馆官方网站，网址：http：//www. shutcm. com/shutcm/bowuguan/bwggk/bwgjj/42368. shtml。

（三）博览与展览、展示、陈列等的差别

我们生活中有很多活动叫“展览”（偶尔也叫“展示”或“陈列”），有的还叫“大型展览”，那么博览和展览的差别是什么？笔者为什么选用“博览”而不用“展览”呢？

博览强调了“博”，即多的意思。这个“多”是博览项目主办方主观故意追求的结果，也是参观者愿意前往参观的动力。假设一个历史博物馆或植物博览园里只有一件展品，简直就是虚张声势、浪得虚名，浪费观众的时间与金钱。再比如说，动物园即动物博览园属于博览业的范围，但是某一种动物的保护区、生态区，即使对外开放且提供说明则也不属于博览业的范围，如某地的麋鹿生态保护区（但如果通过众多的系列展品来向参观者说明麋鹿的发展历史、生物学、现育新品种等知识，则可以视为麋鹿知识方面的博览项目）。

因此“博览”中的“博”是展示博览项目、博览业的重要属性，而“展览”没有强调这一点，因此在语言表现力上，显然“博览”比“展览”更精准。

因此，笔者的定义中强调了“众多的展品集中展示”。

可以说，博览属于展览中的一种，属于大型的展览。

鉴于笔者认为“大展览”、“大展览业”这样的词汇不符合语言美学原则，故采用“博览”、“博览业”的说法。

同样，基于语言的历史传统、语言美等原因的考虑，本书也没有采用“多览”、“众览”、“博观”、“博看”等词汇。

博览与展览在规模上的差别，导致博览与展览在本质发生了如下一些重要的变化。

1. 展览因为规模小，因此更加常见

生活中有很多的单位或个人经常举办各种长期或短期的展览，比如某公司的产品展览室，某单位在国庆节期间搞一个书法、绘画、摄影作品展，某人在家里搞一个邮票、电话卡、毛泽东像章、粮票或钱币展览室，某公园搞一个菊花展、牡丹展、三角梅（勒杜鹃）展。

2. 展览因为规模小，因此往往更加水平低下

这里的水平低下主要是指展品数量与质量、场地布置、现场氛围营造、媒体宣传、说明的水平、安保措施、综合服务措施等等。当然，这个水平低下并不是绝对的。

3. 在传播知识方面博览比展览更加具有意义

展览规模小，更多的是传递信息，或虽然是知识但是不成系统的知识、比较小规模的知识量，因此在传播知识方面博览比展览更加具有意义。例如，某西餐餐具公司搞一个产品展览室，展览自己的产品，这主要是传递信息。

4. 博览更加具有收费的可能性

展览规模小，很难收费，一旦收费消费者不来了，博览不一样，因为它规模大，提供给参观者的知识或信息量大且系统，所以可以收费而不愁没有参观者。如果一个公司对自己的小小的产品展览室还收费的话，估计大家都觉得是一个笑话。

5. 博览项目更加能吸引消费者从而更多地与城市营销、国家形象关联

大型的博览项目，尤其是国际博览项目，因为规模大，参观者多，因此它承载了更多的内涵，比如可以提升国家、城市的形象，吸引旅游者，可以同时举办论坛、研讨会、新闻发布会、产品发布会等。

6. 博览更加具有产业的特征，展览更加具有自给自足、自娱自乐的特点

展览规模小，往往是自给自足的状态，很难上升到产业的状态。比如某公司的产品展览室，某人在家里搞一个邮票、电话卡、毛泽东像章、粮票或钱币展览室，这些更加像自给自足、自娱自乐的状态，而这种状态无法上升到一个产业的高度。

因此，本书的研究、理论阐述重点是博览而非展览。其实其他学科也是这样的，比如广告学主要研究的是大型的、产业化的广告行为，至于民间的广告行为（比如个人张贴一个寻物启事，某小店贴一个优惠公告等）不是它的研究

重点。

但是需要指出的是，笔者并非认为展览没有意义，老百姓的唱歌娱乐与明星的演唱会一样具有意义，不是吗？

（四）博览馆与博物馆的差别

我们生活中有很多博物馆（如上海玻璃博物馆），也有个别的叫博览馆（如中国北京的太平洋汉海海底世界博览馆），这个博物馆、博览馆和博览业又是什么关系呢？

笔者认为，展品中没有活人或其他活体的室内博览项目也可以依据历史语言习惯称为博物馆、博物室等，但是展品中有活人的博览项目则不宜称之为博物馆、博物室等。

不过，笔者还是推荐使用“博览馆”、“博览室”等，因为“博览”一词更能反映该事物的本质属性——供人们一览，而不是强调“物体”这个属性。笔者在本书中也将优先使用博览馆的表述。

大家可能会疑惑，还有活人作为展品的博览项目吗？笔者认为，博览项目可以将活人作为展品，比如举办一个展览项目专门展示不同人种的人，让人们认识人种、人类基因及人类起源等方面的知识；再比如举办一个展览项目专门展示不同民族的人及服饰等民族文化，让人们认识民族、民族文化方面的知识。

（五）博览项目与收藏项目等的差别

一个收藏家可能收藏了许多的文物、宝贝、邮票等，却一直小心收藏，轻易不示人，或仅向非常亲密的亲友开放。那么这些物品无法实现大规模传播知识与信息的功能，所以它只是一个收藏的项目，不是一个博览项目。同时，它也不需要对展品做说明，只需要主人自己简单标记便于藏品管理即可。

生活中还有类似收藏家的人，例如有的贵族养殖了许多的名贵花卉，也许光是名贵兰花就有几十种，但是同样也是自己赏玩，不对外开放，无法实现大规模传播知识与信息的功能。

如果这些收藏家将这些展品对外开放，则构成了一个前文说到的展览（展品较少的时候）或者博览项目（展品较多的时候）。

可见只收集而不向公众展示就仅仅是收藏或类似的行为，只有既收集展品同时又展出展品才有可能成为一个博览项目。

然而正如英国学者布莱克在《如何管理一家博物馆：博物馆吸引人的秘密》所指出的，“很多建立于19世纪末和20世纪初的博物馆都将自己认定为一处学习的机构……然而，在20世纪的大部分时间里，博物馆还是强调对藏品的收集，其教育功能处于次要地位。”① 很多学者和博览项目经营管理者往往忘记了本质的任务，而迷失、津津乐道于收藏的形式中。

尽管国际博物馆协会认为植物园、动物园也属于博物馆，但是还有很多研究博物馆的学者、机构、有关法律法规②一直在强调“藏品”，而不用“展品”等表述，可以说也是这种思维的体现，试问，植物园的植物叫藏品合适吗？也许在他们眼里博物馆才是正统，植物园、动物园最多算个偏门，甚至有些学者、机构不愿意承认植物园、动物园属于博物馆。

确实，用博物馆来统称植物园、动物园也很勉强，就一个“馆”字就很词不达意了，这也是笔者选用“博览业”这个词的理由之一。

（六）博览项目与一些研究机构等的差别与融合

一些文物研究机构、历史研究机构可能拥有许多的文物，一些植物研究所也可能拥有许多的植物，一些动物研究所也可能拥有很多的动物，但是只要他们不对外开放，没有大规模地通过这些展品传播相关的知识或信息的话，则不构成一个博览项目。

如果这些研究机构将这些物品对外开放，大规模地通过这些展品传播相关的知识或信息，则形成了研究机构与博览项目的融合。事实上现在中国以及其

① 格拉汉姆·布莱克．如何管理一家博物馆：博物馆吸引人的秘密［M］．徐光，谢卉，译．北京：中国轻工业出版社，2011：101.

② 例如我国的《博物馆藏品管理办法》使用的是“藏品”的表述，而且在第一条指出“博物馆藏品是国家宝贵的科学、文化财富”，参见《博物馆藏品管理办法》，中华人民共和国文化部制定，1986年6月19日发布，1986年6月19日实施。

他国家很多植物园既是研究所又是植物博览项目，纯粹是植物博览项目而非研究所的反而较少。

笔者赞成融合式的经营思路，也赞同博览业要主动与其他产业进行合理化的综合经营，但是在学术上我们必须严谨，因此笔者反对的是将“研究”这个功能写入博览的有关定义之中，博览项目没有研究功能依然是一个完整的博览项目，不可因为这种融合而混淆了视听。

类似地，如果一个学校只向学生开放有关教学用的标本、教学辅助物品或标本展览室的话，则该项目最多构成一个展览，而不构成一个博览项目。

（七）博览项目与展销项目的差别与融合

对于“展销”一词可以有两种理解：一种是展开、展示产品（将产品摆放出来）并销售，如前文提到的《现代汉语大词典》的解释就是这样的；另一种是举办展览活动并同时销售展品，即展览销售的合成词，如前文提到的《新华词典》的解释就是这样的。本书倾向于按第一种方式理解。

主要相同点：都是将一个或多个主题的众多的物品集中展示。

主要不同点：首先，博览项目中展示的叫展品，展品不一定是工业产品、商品，还可以能是植物、动物、文物甚至人类本身，而展销会则展示的是工业产品、商品。其次，博览项目一般都提供说明，虽然说明可以简单，但是一般都是有的。而展销项目中虽然也可能有参展商为参观者做说明，但是说明并非常态。再次，博览项目的目的是为人们提供该主题方面的知识或信息，而展销项目的目的是为了销售展示中商品、产品。最后，衡量一个展销项目是否成功的标准是交易量，交易量越大越成功。而衡量一个博览项目的成功与否则是看参观者是否获得知识或信息上的收获，参观者收获越大越成功。

发生融合的情况：当一个博览项目带有部分展销的次要功能，或一个展销的项目带有部分博览的次要功能，或一个项目本身就是博览、展销一体化策划的，则可能发生博览、展销融合的情况。比如，一个陶瓷博览会主要是介绍陶瓷方面的知识以及陶瓷艺术欣赏，但是也在尾区摆放一些展销的陶瓷产品，或者主办方愿意将部分价值不大、不重要的展品（不一定在尾区）售出。再比如，一个项目既是向参观者集中展示、介绍当前先进的电子工艺及产品，同时也是展销这些最新最先进的电子产品，则该项目发生了博览与展销的完全的融合。

笔者认为，如果一个大型展销会在控制好收益的前提下带有博览、体验甚至旅游的功能，将会是一个优秀的展销会，笔者赞成这样的操作。同时，如果一个博览会在合适的情况下带有部分展销的功能，将能满足参观者的消费、购物需求，也是具有商业头脑的表现，笔者也赞成这样的操作。

但是，笔者要再次郑重提醒的是，一个展销会考虑添加博览、体验等功能时，应处理好成本、如何额外收费的收益问题；而一个博览项目添加展销功能的时候，切忌将一些不合时宜的商业色彩添加到一些不合适的博览项目上，因为有些博览项目具有严肃性、公益性等性质。举例说，如果一个抗日历史博览馆（这里笔者没有用博物馆）在馆中展示日本侵华日军指挥官的军刀时又展销这种军刀的仿制品则是非常愚蠢的，即使这种军刀确实是一款质量好的、著名的日本军刀。

现在的会展中心也要注意，不要把展销会当成博览会，扎堆举办各种展销会，将会展中心最终降低品格成了一个“超市”。

（八）是博览项目，还是广告会？

亲爱的读者朋友，生活中总是有“挂羊头卖狗肉”的事情发生，没什么奇怪的，不过我们的定义清晰的话，就如同具备了火眼金睛，一下就能看出来了。

有一些会展中心举办的活动虽然名叫博览会之类的名字，但是实质是一个广告会、宣传会、招商会性质的，所有所谓的“展品”基本上全是展台（有的还搭建成一个房子的模样）、展板、X 展架、立体的展示物（如大气球），画册、折页、宣传单、投影仪、电子显示屏、显示器等广告载体，几乎没有几件属于真正的展品。

大家仔细思量一下，这样的“博览会”和我们生活中在人才市场见到的景象其实没有两样，那里也有很多位子，每个位子里面挂满了介绍招聘公司的展板等。

大家费钱、费力、费时间去看这样的“展览”能有什么收获呢？完全可以用在家看他们的电视广告或去他们的官方网站看看等方式代替。

当然，生活中完全“挂羊头卖狗肉”的博览会不多，更多是以这种形式演变(“掺水”)，展品或多或少有一点，且各个参展商“掺水”的程度也不是一样的，但是不管怎么样，这样的结果就是导致整个博览会档次上不去，如果是定期举办的，则最终参观的人会越来越少。

（九）历史博览馆与历史纪念馆有区别吗？

很多人没有注意到历史博览馆与历史纪念馆的差别，因此人们常常会乱用这两个词，其实两者是有差别的。

差别之一是历史博览馆的目的是为了提供历史方面的知识或信息，因此展品较多。而历史纪念馆则重在为人们纪念某一个历史事件、历史人物提供合适的场所或唤起物，因此展品不一定很多。有时候，可能历史纪念馆内只有少数几个纪念性的物品，其余都是图文说明。

生活中有很多地方单独建立起纪念碑、纪念塔之类的，比如我国在天安门广场建设的人民英雄纪念碑，这个和历史博览馆的差别就更大了，大家就很容易区分了。

差别之二是历史纪念馆一般建立在具有纪念意义的地点，比如某一个战役的原址，某某人的故居内或旁边。但是历史博览馆没有如此严格的要求，因为它的主要目的并非纪念。

差别之三是历史纪念馆绝大部分是公益性质的，很难作为盈利项目。而历史博览馆则可以是收费性质的。

有些历史博览馆同时有纪念先辈英烈事迹的功能，比如某某抗日遗址所在地建立的历史博览馆。有的历史纪念馆也具有博览项目的功能，这里笔者指的是那种符合博览项目定义的历史纪念馆，虽然名称叫纪念馆，但是符合博览馆的形式，里面有众多展品，而不是仅仅只有一个纪念碑、一个纪念塔，或简单几样纪念物品的。

这种情况下，历史博览馆可能就与历史纪念馆发生了融合。

现在很多博物馆协会、教科书、学者没有将历史博览馆与历史纪念馆严格区分开来，这一点值得大家注意。

一个项目既有博览功能又有纪念功能且两者不分伯仲时，如何确定取名为历史博览馆还是历史纪念馆呢？笔者认为，应该看该项目的主要目的到底是什么，创办者投资该项目的本意是什么。到底是给予参观者博览体验，还是为了纪念某人某事？根据这个原则来命名能做到尽量的名副其实。

（十）博览项目与旅游项目的差别与融合

在一般情况下，相信对于大部分的读者来说博览项目与旅游项目容易辨别，但是在特殊情况下则会难以区分。主要是对于存在人工建造的景观博览园区情况。

生活中有一些人工建造的景观博览园区，这些景观一般是建筑、大型模型、园林、大型雕塑等或其组合，具有体积较大、位置固定、不易迁移、类似地理、地质物等特点，因此人们往往难以将其视为普通的展品。例如，深圳的世界之窗，里面以仿制品的形式呈现世界各地的知名建筑或代表性建筑；深圳的中华民俗村，里面以仿制品的形式呈现中国各民族的知名建筑或代表性建筑；深圳的深圳国际园林花卉博览园，里面呈现中国及世界各地的代表性园林艺术组合；韩国的一个性文化博览公园——济州爱情乐园（韩国济州岛，官方网址：http：//www.jejuloveland.com/），里面摆放了各种奇异的性爱雕塑及有少量性爱造型的市政、公共设施等。

笔者的观点是，虽然这些展品比较大，大得似乎不能叫展品了，但是在笔者看来依然是展品。因为它们是人为地建设出来，并按一定的逻辑进行安排在一定的位置上，因此肯定是属于博览项目的。

但是是否也属于旅游项目呢，如果该项目不能吸引外地人以游览的目的前往参观，则它仅仅属于博览项目；如果它能吸引外地人以游览的目的前往参观，则它既属于博览项目，也属于旅游项目，发生了融合。

大家可能会有些疑惑，这也涉及旅游业的定义问题（关于旅游业的定义目前也存在争议），由于离本书主题太远，这里不再展开论述。

【小知识】

韩国济州爱情乐园（Jeju Love Land）位于韩国济州岛，于2004年11月16日创建，是韩国唯一的性爱主题公园。园中放置了大约有140多件性爱主题的雕塑，由首尔弘益大学美术学院雕塑专业的20多名专家花费大约2年时间完成。该园仅对成年人开放，许多恋人、新婚夫妇慕名前往参观。该项目建设前以及开放后引发了广泛的争议。

（十一）自然保护区属于博览项目吗？

生活中有很多自然保护区，保护区内往往有品种繁多的动、植物等生物，这些自然保护区属于博览项目吗？

生活中大部分自然保护区是天然的，动、植物等生物也是天然地分布，保护区内仅有少数的人工设施，如投食点、公路或巡逻小道。笔者认为，这种自然保护区不属于博览项目，因为根本没有展品。这些动植物和动物园、植物园内的动植物不同，后者经过了人为的主题设计、摆放、饲养、维护，固定了大致的位置，添加了适当的说明，配备了参观路线以及保护、方便参观者的各种方法、设施、服务，因此变成了展品。不过，在此情况下，这些自然保护区虽然不是博览项目，但是还是可以成为旅游项目。

有小部分的自然保护区，虽然还是天然的，但是经营者增加了许多类似动物园、植物园的人工成分。举例如下：

给人们配备了具备防护栏（防止野兽袭击）的参观车、安全员以及解说员，参观更为安全、方便；

参观往往沿着经营者规划好的路线及参观点参观，每次能看到大致一样多的动物、植物；

为了确保参观者能在指定的地点看到同样种类的动物，对有关动物实行了一定的活动区域限制（但比动物园的圈养范围大，动物稍微更自由），提供了更为勤勉的饲养、维护（防止动物突然死亡、走失导致参观者无法看到该动物）；

为了确保参观者能在指定的地点看到同样种类的植物，对植物提供更为勤勉的养护、培育；

为人们去悬崖等险峻地点参观某动植物建设了必要的设施（天桥、栈道等）；

其他类似动物园、植物园的人工措施、设施。

总之，这时的自然保护区比动物园、植物园更天然，动植物的生存状态更自由，但是和前一种自然保护区相比，却又在诸多方面进一步的接近动物园、植物园，这时可以根据具体实际情况视为博览项目。当然，具体如何判断有关人工成分达到多大的比例才算是博览项目，总是存在仁者见仁智者见智的情况。

笔者赞成在不影响动植物的自然保护效果的前提下，将自然保护区变为一个博览项目兼旅游项目，既造福了民众，给大家带来了知识与欢乐；也为保护区增加了收益，进一步贴补了自然保护事业；不菲的收益以及参观者的收获、欢乐与表扬也会更坚定了当地人、政府保护这些动植物的决心，为他们坚持这些自然保护事业提供了持续的动力。

从某种程度上来说，现在的动物园对待动物有点不人道，动物太不自由，违反了它们太多的本性，所以，反而前面所讨论的这种博览项目性质的自然保护区值得提倡，现有的动物园值得改革。

阅读至此，亲爱的读者你会浮想联翩吗？你会觉得本书有趣吗？人生充满了许多意外与惊喜。

（十二）博览业与会展业的差别

非常遗憾，当笔者还未向读者描绘清楚“博览业”的时候，又来了一个目前同样处于乱象环生中的概念——“会展业”。但是，廓清“会展业”的定义并不是本书的重点，会展业离本书的主题不远，所以我们只能在“大概”的范围内来阐述这个麻烦的问题。

笔者认为，会展业是一个不科学但实用的词汇。现实生活中，人们为了各种各样的目的会举办很多的博览会、展销会，刚开始这些活动是在传统集市点、空旷地带、公园、体育馆、剧院等地方举办，后来建立起更加专业的场所——展览中心或类似的名称。为了提高营销水平，举办方逐渐流行同时搭配举办相关的论坛活动，如举办电子产品博览会或展销会时举办电子产品创新论坛。这些论坛活动大都和博览会、展销会的主题有关，与实业发展有关，或者与举办者、参展者的身份有关，但是一般来说不是纯粹的学术会议或单位内部会议，因此展览中心开始有了一些大型会议室、会堂的设置，于是展览中心叫“会展中心”，接着出来了“会展业”这个词汇，这里的“会展”就是“会议＋展览”的意思。

笔者赞成并鼓励在合理范围内进行多种经营，但并不能因此在学术上混淆概念，混淆概念只会让我们的研究迷失方向。如果一个书城顺带搞点课外培训机构，难道要叫“图书培训业”吗？如果电影顺带搞点植入式广告，难道要叫“影视广告业”吗？显然不可以，做研究不可以如此胡乱捆绑的。

近年来，有很多纯粹的学术会议对城市营销、国家形象提升也有很大的帮助，如国际气象会议等。另外，很多大型企业、单位也将企业、单位的年会安排到旅游景区、著名的城市等地方举办，于是人们开始设想将“会展”概念中的“会议”放大，包括这些学术会议、单位内部会议来讨论。自然有些学者不同意，因为学术会议比较少，经济效益不是很明显；而且这些会议和展览不搭界，混为一谈实在更加显得非常勉强。所以，现在对会展业的定义还在讨论、辩论、发展当中。

有一些行业从业人士、研究者倾向于将“会展业”的概念放大，有的人甚至要求将各种体育比赛、选美比赛等活动都囊括进去。而一些旅游界的研究者则希望将会展业囊括进旅游业的概念中，统统概括为商务旅游。

笔者认为这种做法不是从严谨的学术、事物内在的逻辑出发。这时候，“会展业”、“旅游业”已经成为一个既不科学也不是实用的名词，而是成了一个筐，与之沾点边的东西都想往里面装。

基于以上论述，笔者认为，笔者定义的博览业与现在传统含义上的会展业有一定的重叠的地方，即会展业中的产品博览会属于笔者理论中的博览业，是博览业中的产品博览业，而会展业中的展销会、会议则不属于博览业。笔者认为纯粹的展销会与集市没有差别，有关的会议与普通的会议没有差别，完全可以单独拿出来举办。

（十三）为何传统学者抛弃了博览会？

很多学者注意到了博览会与博物馆的紧密联系，例如，马继贤在《博物馆学通论》一书中提到“1851 年在英国伦敦水晶宫举行的世界工业博览会……在此次博览会展品的基础上，建立了以收藏科学技术品为主的南坎辛顿博物馆（1857 年，即今伦敦科学博物馆）和以收藏美术和工艺品为主的维多利亚皇家博物馆……此后，相继在巴黎、维也纳、费城举办了世界博览会（这种科学文化交流的传统一直延续至今），这对博物馆的建设是一次巨大的推动。在伦敦博览会前后，建成的科技博物馆有法国工艺研究院技术博物馆（1802 年）……这些博物馆的建立有助于向广大公众普及科学知识，促进科技事业和工业的发展。这一趋势也影响到美国和日本。1871 年在明治维新后近代化运动推动下，日本建立了教育型的东京博物馆（后改名国立科学博物馆）……科技博物馆建立之初，都是将博览会的展品或科技产品收集起来进行陈列的。”①

很多重要、大型博览会结束后为了持续发挥积极作用，将其精华展品集中起来开设博物馆，可以说博览会、博物馆有着深厚的渊源。

然而，绝大部分传统学者却不认为博览会属于博物馆，也包括国际博物馆协会，这是为何呢？

笔者认为，主要原因是因为他们认为所有的博物馆必须是不以营利为目的

---

① 马继贤. 博物馆学通论［M］. 成都：四川大学出版社，1994：11.

的，国际博物馆协会对博物馆的定义也明确提出了这一点，所以他们自然就将博览会排除了，因为当今的博览会基本都属于以营利为目的的。

笔者认为，博览会也属于博览项目，属于短期博览项目，且博览项目大部分可以以营利为目的，只有少部分公益项目不应以营利为目的。博览会属于博览业也恰好证明了一部分博览项目可以以营利为目的。

第二章　认清博览业的本质与基本属性

认识博览业或博览项目的本质与基本属性，有利于认识博览业或博览项目对于我们的价值、与其他产业的价值区别、局限性等。笔者将在下文中进一步揭示博览业或博览项目在知识经济时代的地位与意义。

第一节　本质是传播知识或信息

一、本质是传播知识或信息

我们先从定义入手了解博览业或博览项目的本质。

“将某主题的众多的展品集中展示，并且一般都提供必要的说明”揭示了博览业或博览项目的表现形式，我们可以理解为它的外在皮肤或果肉；“以期为人们提供该主题方面的系统的知识或信息的行业”揭示了博览业或博览项目的目的、核心意义、存在的价值，我们可以理解为它的内在骨骼或果核。

一直以来很多学者迷失于博览馆的各种功能之中，而抓不住本质、核心的东西。正如前文提到的一样，很多学者认为博物馆的主要任务包括保护、研究藏品，因此他们还特意将此纳入有关的定义之中。还有的学者误认为收藏也是本质，“博物馆的本质可以概括为两点：收藏和传播。”[1]

我们反问一句，保护、研究藏品是一个博览馆必须的属性吗？我们且不说那些植物博览园、动物博览园没有必然的义务去“保护、研究藏品”，即使是

---

① 李金生．博物馆产业化问题初探［D］．济南：山东大学，2008：20.

历史博览馆在不保护、研究藏品的情况下也可以是一个名副其实的历史博览馆，比如它的展品不是很珍贵，甚至全部是复制品、缩微制品，无需保护；再比如它的展品不是很复杂，就是近代的东西，无需深入研究；还比如该馆的研究人员就是懒得去研究。难道这样我们就可以否认它不是一个历史博览馆了吗？显然不能。

因此博览业的本质、核心就是传播知识或信息，没有这一点就不是博览业。比如说一个所谓的“历史博览馆”收集、保护、研究藏品，就是不对外开放，不让民众博览，能说是一个历史博览馆吗？显然不能，只能说这是一个历史研究所或其他类似的名字。

因此前文提到的许多学者、单位的定义其实是自我束缚、迷失自我，将博览业的范围缩小了。

只有少数的学者和机构认识到了这一点，例如如下具有代表性的观点：

1872 年，日本首次举办了博览会，日本文部省在布告中阐明举办博览会的宗旨是为了“广集日本各地之珍奇异物，以明其名，以辨其用，以示众人，以广知识，以明开化”①。

前文提到的《国际展览会公约》第一章第一条这样对展览会进行定义：“无论名称如何，展览会均是一种其核心目的在于公众教育的展示。”

曾昭燏、李济编著的《博物馆》认为：“博物馆最大目的，为辅助教育，故任何方面，均与教育有关。行政组织，有教育事业之一部……”②

“西班牙巴塞罗那考古博物馆馆长认为，博物馆是‘一个教育机构，它以在各种陈列场地使用的视听技术来执行其他文化的传播任务’；希腊塞萨洛尼基民俗与人种学博物馆认为，博物馆是‘以科学和教导的方式陈列艺术品的地方，它为观众创造了可能从中增加知识的条件’；科隆罗马—日耳曼博物馆认为，它

① 茂木雅博．日本的博物馆——成立的经过与现状［J］．中国历史文物，1991（0）：207.

② 曾昭燏，李济．博物馆［M］．重庆正中书局，1943：63.

的职能是‘为我们的公民提供可以用以教育自己的资料’。”①

美国自然历史博物馆的罗瑟·P. 威特伯格认为：“博物馆及其陈列品的基本目的和职能就是进行教育。”②

唐斌认为：“全球化时代美术馆的主要功能是传播知识、传承文明。”③

卢思密认为：“博物馆的教育功能是发展得最为突出，也是最为引人注目的。归根到底，这是由当今博物馆的本质决定的——博物馆为公众提供终身学习的场所。”④

这些学者的观点以及相应的呐喊、宣传无疑是可贵的。

二、为何博览项目要为人们提供某主题方面的知识或信息?

诚如一些学者指出的，“在未来的知识经济时代，人们接受知识与信息的需求更大，大众化科普性的社会教育在知识经济社会具有更为重要的地位。”⑤

为何博览项目要为人们提供某主题方面的知识或信息？最大的原因是因为人们需要该主题方面的知识或信息，人们愿意为接收该主题方面的知识或信息而付费，也即人们存在博览需求。比如说人们带小孩去参观动物园、植物园、世博会，是因为人们需要该主题方面的知识或信息，并愿意为接收这样的系统知识或信息而付费。主办者意识到了这一点，才有这个原始的动力去建设这个博览项目。

从更深层次去追问人们为何会有博览需求呢？笔者认为，人们追求知识与信息的终极目的是为了加强自己理解世界、认知世界的能力，继而增强控制世界、与世界和谐相处的能力。

---

① 肯尼斯·赫德森．八十年代的博物馆——世界趋势综览［M］. 王殿明，杨绮华，陈凤鸣，译．北京：紫禁城出版社，1986：4.

② 肯尼斯·赫德森．八十年代的博物馆——世界趋势综览［M］. 王殿明，杨绮华，陈凤鸣，译．北京：紫禁城出版社，1986：18.

③ 唐斌．美术馆与知识生产——全球化背景下美术馆与知识生产及相关问题研究［D］. 北京：中央美术学院，2010：7.

④ 卢思密．博物馆的教育潜力——从西汉南越王博物馆“冬日的太阳”展览说起［J］//郭俊英，王芳．博物馆：以教育为圆心的文化乐园．广州：暨南大学出版社，2011：156.

⑤ 蔡邦平，等．植物园在知识经济中的作用与发展战略［J］. 江苏林业科技，1998（25）：33.

除此之外，其他的原因主要有以下几个方面：

第一，宣传的需要。比如各地政府举办的历史博物馆有宣传本地悠久历史的功能，因此有些历史博物馆采取了免费的策略。但是如果仅有宣传性，没有知识性、趣味性，人们是不会买账的，因此，这种宣传的性质并没有抵挡博览项目知识性、信息性的特征，否则一定是一个失败的博览项目，参观者寥寥。

第二，纪念的需要，比如有些历史博览馆有纪念先辈英烈事迹的功能。

第三，销售的需要，比如那些工业产品博览会、符合博览项目定义的展销会（博览与展销重合）。

第四，其他。

三、为何博览项目能提供该主题方面的系统知识或信息？

首先，博览项目收集到了众多的展品，这些展品都符合某一个主题，但是从不同角度来呈现、反映、折射不同的知识或信息，而不是一模一样的产品。比如说，主办方建设一个动物园，就必须收集到各种各样的动物，而且最好是具有代表性的动物。

其次，主办者按主题的内在逻辑或某一线索将这些展品排列、摆放，使人产生清晰的、系统的逻辑与思路。比如说，植物园按裸子植物、被子植物、沙漠植物、多肉植物等植物学内在的逻辑对植物进行排列、摆放。

最后，主办者对展品进行了恰当、充分的说明。比如说，某地的历史博物馆在文物旁注明文物的名称、形成时间、出土日期、出土地点等。因为光看展品，没有恰当、充分的说明的话，可能参观者没法看懂或无法接收主办者想要表达的完整的知识或信息。

第二节　博览业的基本属性

一、学习与休闲并存

博览业既存在学习的属性，又存在休闲的属性。例如参观者参观植物园时可以学习与植物学以及与植物有关的日常饮食、药材、养生、食疗、工艺品等有关的知识，又可以同时休闲、娱乐、玩耍。

此处的“学习”为狭义的学习，指系统性的正规的学习。广义的学习指任何增加了个人的知识量和信息量的主动和被动的行为和活动，包括为了丰富自己的阅历而进行的活动。工作也可以为广义的学习，所谓在学习中工作，在工作中学习，生活也可以就为学习，生活中无处不是学问。

博览业与正规的教育业的主要差别在于如下几个方面：

第一，一般来说，没有学习成绩考核的要求与压力（除非学生们在老师预先布置了学习任务的前提下前往参观）；

第二，一般来说，没有必须聚精会神接收知识与信息的要求与压力，所以心情比较放松；

第三，有选择性接收知识与信息的自由，如参观者可以自主决定观看某件展品的时间长短，是否向工作人员发问，是否拍照以便进一步研究，甚至可以自主决定立即离开；

第四，很多博览项目所传播的知识与信息没有教育业所传播的知识与信息那么系统、严谨、庞大，接收起来更为容易，尤其当传播的主要是信息而非知识时；

第五，很多博览项目传播知识与信息时传播过程比较形象、具体，接收起来更为容易。

因此，虽然博览业的本质是传播知识与信息，但是因为它缺乏强制性，所以带有休闲的属性。也因为如此，同时因为目前我们的教育业是一个比较窄的概念（一般指学校的正规教育），所以博览业属于休闲产业，却不属于教育业。

如果以后我们教育业的概念扩大为“大教育业”的概念①，则博览业既属于大教育业，同时也属于休闲业。

也可以说，博览业属于大教育业中的“休闲教育”，例如学者周觉认为“休闲教育是一种相对于职业教育而言的自由教育”②。

也可以像有一些机构与学者提出的，博览业属于“非正规教育”③。美国“正规与非正规学习”研究中心（Learning in Informal and Formal Environments Center，LIFE Center）的有关报告中列举的非正规学习途径（环境）中有很多属于博览项目。④

休闲产业理论也是最新的经济学理论，一些研究休闲产业的学者虽然没有博览业的概念，但是已经将一些属于博览业的内容如“博物馆”、“展览馆”、“艺术馆”列入休闲产业的范围，如刘剑英⑤。依照马勇、周青编著的《休闲学概论》中的理论，博览活动属于一种文化知识型休闲⑥。

人类的休闲方式一直在随着社会的进步发生变革，然而，现在很多地方很多时候人们的休闲方式还停留在搓麻将、玩纸牌、闲谈、散步、凑热闹等形式构成的低级阶段，有益身心的、提升自身素质的休闲品种不多。正如亚里士多德说的：“在人人都享受闲暇之时，大家又往往又放纵取乐了……长期地在安逸

---

① 现在也有学者这样认为，但是似乎还未获得社会的广泛认可。例如，李安在《世界是知识的：迈向21世纪的知识经济新时代》一书中提出社会教育属于教育培训的一部分：“⑧社会教育：广义讲，是指一切社会生活影响于个人身心发展的教育，这样我们以上所讲的各类教育均包括在内。狭义讲，是指学校教育以外的，利用一切的社会文化教育设施对青少年和成年人进行的各种教育活动，它是以上各种教育活动的重要补充。如图书馆、博物馆、科技馆、纪念馆、文化馆、青少年宫，还有通过广播、电视、互联网等手段传播的教育形式等。”李安．世界是知识的：迈向21世纪的知识经济新时代［M］．北京：中国社会出版社，2010：21.

② 周觉．休闲的经济分析［M］．北京：经济科学出版社，2007：188－200.

③ 伯纳德·希尔，埃姆林·科斯特．当代科学中心［M］．徐善衍，等，译．中国科学技术出版社，2007：83－93.

④ 列举的有动物园、植物园、水族馆、博物馆、图书馆、天文馆、科学中心、电影、广播、电视等。Fenichel M.，Schweingruber H. A. Surrounded by Science：Learning Science in Informal Environments. Washington DC：The National Academies Press，2010.

⑤ 刘剑英．中国休闲经济发展状况探析［D］．厦门：厦门大学，2007：14.

⑥ 根据其理论，“文化知识休闲是一种旨在观察社会、体验民族风俗、丰富历史文化积累、增长知识的休闲形式”。马勇，周青．休闲学概论［M］．重庆：重庆大学出版社，2008：34.

富饶的环境中生活，得到的闲暇越多，也就越需要智慧、节制和正义……有充分闲暇的时间却不能发展那些善就一定特别可耻……”①

正如学者于光远、马惠娣指出的，“休闲使教育变得轻松活泼……教育使休闲更加丰满、鲜活……重视休闲教育……是引导人们享受积极、健康、文明的生活方式和最佳的教育方式。”② 应该说博览业是休闲产业中休闲与教育结合得极为完美的产业分支之一，体验业、旅游业也有类似的品质。

不过，现在博览项目已经“成为大众休闲的一种可行性的高层次选择”③，越来越多的人以参观博览项目、旅游、体验、听音乐会等方式度过一段美好的休闲时光。

【小知识】

休闲学

随着生活水平的提高、机器代替人类的劳动增加，人们休闲的机会越来越多，休闲时代来临了，休闲学成为一门新兴的学科。研究休闲学的学者普遍认为，研究休闲的历史可以追溯到古希腊学者亚里士多德，但是现代系统的休闲学理论却起源于美国学者凡勃伦（Thorstein Veblen）1899 年出版《有闲阶级论》。此后，很多学者纷纷加入研究休闲学的行业。20 世纪 60 年代，法国社会学家马兹迪埃从社会学角度对休闲进行了研究，并预言休闲时代必将到来。20 世纪 70～80 年代，大批学者从心理学、管理学、经济学角度切入研究休闲，形成了休闲心理学、休闲管理学、休闲经济学等众多分支。现代系统的休闲学理论进入我国的时间很短，1996 年，于光远发表了《论普遍有闲的社会》。此后一系列的著作开始涌现。2002 年，世界休闲组织 2006 年在杭州召开世界休闲博览会引发了更多的学者加入。不过在笔者看来，由于不少休闲学学者没有以具体的休闲产业为依托，导致其理论总是显得有些漂浮、空洞，也因此在一定程

① 亚里士多德．政治学［M］．冯国超，译．北京：中国社会出版社，2000：260.

② 于光远，马惠娣．十年对话——关于休闲学研究的基本问题［M］．重庆：重庆大学出版社，2008：10.

③ 中国民族博物馆．论民族博物馆建设［M］．北京：民族出版社，2007：253.

度上导致其反而逊色于那些旅游业研究者，使整个社会知旅游而不知休闲学。正如世界休闲组织执行官杰拉德曾指出的，现在很多人没有将“休闲”和“旅游”这两个概念区分开来，而是将休闲简单地与旅游混淆在一起。[①] 更有旅游学者意图将旅游的概念放大，打造“大旅游”概念，涵盖其他休闲活动。希望笔者的体验业、博览业理论以及其他更多休闲产业的纷纷涌现能扭转这种不良趋势。(资料来源于笔者综合整理。)

二、属于传播的一部分

传播学是一门历史不长的学科，现在很多理论着重在新闻传播学、广告传播学等领域，密码学、情报学一般很少大规模讨论。但是实际上很多学者，包括笔者认为传播学的范围很广。

笔者认为，由于博览业的本质是通过展品传播知识与信息，因此博览业也属于传播的一部分，那么博览学可以看成是传播学的一个分支，许多传播学基本原理、原则自然同样适用于博览学或博览项目。因此博览业从业者要想做好本职工作，就要多掌握、钻研一些传播学的基本原理、基本知识，尽量让博览项目发挥更好的传播效果。

比如设立类似导游、讲解员的工作人员，对展品的说明尽量做到更完美，对展品的安排要主次分明并提供各种形式的指南、提醒、说明，让参观者能掌握主要、精华部分，尤其是避免漏掉一些精华的部分。

现在有很少一部分博览领域内的学者认识到了博览项目与传播学的重要关系，并用传播学的理论来分析、指导博览业。例如，中国的宋向光，他在《物与识：当代中国博物馆理论与实践辨析》[②] 中多处运用了传播学理论分析博览馆的有关问题；唐斌认为“博物馆是一个向公众展示智慧、传播知识的公共场

---

① 2006年4月24日中国新闻网报道《世界休闲组织执行官：中国发展休闲产业潜力很大》，网址：http：//www. chinanews. com/news/2006/2006 - 04 - 24/8/721647. shtml。

② 宋向光．物与识：当代中国博物馆理论与实践辨析［M］．北京：科学出版社，2009：54.

所”，“美术馆传播的实质仍然是信息传播、交流、共享的行为和过程”①；而《当代科学中心》的作者之一，加拿大的伯纳德·希尔博士本身就是加拿大蒙特利尔魁北克大学传播系的传播学教授②。但是他们中还是很少有人意识到博览业本身就是传播学的一个分支。

另外，笔者认为，教育学、体验学、符号学、语言学、出版业（学）、摄影学、影视学、网络传播学也可以看成传播学的一个分支。

【小知识】

传播学是一门研究传播与交流过程的学科，通常被定义为跨越一定时间与空间的符号共享。一次典型的传播包含以下几个要素：传者/发讯者、讯息(Message)、渠道、受众/受传者、效果。其过程简而言之是发讯者将讯息以语言、文字或其他方式编码，再透过沟通渠道传递到接受者，由接受者自己解码出发讯者的讯息。

传播学涵盖范围非常广泛，它可以指任何信息在个体间传布交流的过程，也涵盖了沟通、交流、通讯、通信等内容。当代传播学具体的定义与内容根据不同的学者观点有所不同，通常会分为大众传媒、组织内交流、家庭关系、人际交流等几大范畴。按传播渠道分，又可分出非语言交流、电信等几个分支。按信息内容及目的来分，又可分出新闻学、公共关系学等专业。有些领域过于复杂，一般被单独划开学科，如语言学、电影学、电子信息技术等。传播学研究的重点是人与人之间信息传播过程、手段、媒介，传递速度与效度、目的与控制，以及如何凭借传播建立一定的关系等。

到了今天，随着科学水平的飞速发展，相继出现了无线电、固定电话、移动电话、互联网甚至视频电话等各种通信方式，信息的传播可以覆盖全球并且在人们的生活中扮演着日趋重要角色。

---

① 唐斌. 美术馆与知识生产——全球化背景下美术馆与知识生产及相关问题研究［D］. 北京：中央美术学院，2010：49.

② 伯纳德·希尔，埃姆林·科斯特. 当代科学中心［M］. 徐善衍，等，译. 北京：中国科学技术出版社，2007.

三、与教育业等构成知识经济的基础

虽然笔者打算等到将在合适的时候专门著写一本关于知识经济的书以全面阐述笔者的观点，但是本书在这里要略微提及如下几个重要的与本书有紧密关系的观点：

第一，知识经济的核心（具体体现）是以高科技产业、创意产业等代表的知识依托型产业创造出来的巨大财富占了社会总财富的大部分。

第二，知识经济的基础之一是知识与信息的广泛传播。知识与信息的全面、高效、广泛传播是国家与民族强盛的保证与标志之一。[①] 没有知识与信息的广泛传播，那么人们就会缺乏知识，综合素质不高，就无从谈起知识经济、信息社会的形成。在知识经济时代，所谓的文盲将不是指不识字的人，而是指文化水平不高的人。

第三，知识与信息的广泛传播主要由教育业、博览业、出版业、报纸广播电视电影网络手机等传媒产业、体验业、会议业、讲座等公共文化活动完成（当然，人们之间的口头沟通也依然具有重要的作用）。

第四，博览业在传播知识与信息时具有非常生动、形象、帮助理解、容易留下深刻印象等优点，因此在传播知识与信息的所有渠道中占有重要的地位。不过也有成本较高、花费时间、无法再次传播等缺点。

上述观点如图 2 -1 所示。

由此可见，博览业与教育业等构成知识经济的基础，这是它对我们来说最核心的意义。

1989 年出现的“新博物馆学”学派认识到了博物馆对人们终身学习的重要性，但是没有从知识经济的视角中审视博览业在知识经济中的重要地位及意义。

部分知识经济理论学者注意到了知识传播的重要性，如学者李安认为“高科技、现代化的通信教育手段的迅猛发展，已把知识传播的速度、广度、深度

① 张守一在《知识经济概论》中提出“知识产品传播是国家富强、民族复兴的标志”。张守一．知识经济概论［M］．北京：中央广播电视大学出版社，1999：115.

图 2－1　知识经济的基础与核心图

都大大提高了……从而大大促进和推动了科学文化知识的普及和提高，使知识的传播达到了前所未有的程度……正是有了知识的传播，才使知识得以发展，正是传播手段的进步，才促进了‘知识爆炸时代’的到来”①。不过像笔者这样明确提出“知识与信息的传播是知识经济的基础之一”的观点的学者很少。

---

① 李安．世界是知识的：迈向 21 世纪的知识经济新时代［M］．北京：中国社会出版社，2010：6.

表 2－1　　各种传播方式优缺点比较表

传播方式	具体载体	优点	缺点
声音	谈话、讲课、讲座、广播等	非常快速、非常方便、成本非常低等	不形象，难以保存以再次传播等
文字	笔记、书籍、公告、对联等	较快速、较方便、成本较低，可以多次传播等	不形象等
图画	画、照片等	较形象，可以多次传播，容易在各国各语种之间通用等	较慢、较麻烦、成本较高等
符号	八卦符号、求救符号、交通标志、体育赛事标志等	较形象，较快速、较方便、成本较低，容易在各国各语种之间通用等	数量少，使用范围小
视频	电视、电影、网络视频等	非常形象，可以多次传播等	较慢、较麻烦、成本较高等
多媒体	网页、幻灯片文件等	综合了声音、文字、图画、视频等多种优点	较慢、较麻烦、成本较高等
物品	展览、博览项目等	非常生动、形象、帮助理解、容易留下深刻印象等	较慢、较麻烦、成本较高、无法直接再次传播等
演示	老师、教练、师傅的示范等	非常生动、形象、帮助理解、容易留下深刻印象等	较慢、较麻烦、成本较高、无法直接再次传播等
体验	实习、演习、体验业等	非常生动、形象、帮助理解、容易留下深刻印象等	较慢、较麻烦、成本较高、无法直接再次传播等

四、其他属性

第一，虽然博览业传播科学知识，但是总体上来观察，博览业属于文化产业，而不是高科技产业、工业等。

第二，博览业属于综合性很强的产业，和教育业、娱乐业、旅游业、园艺业、景观设计业、工业设计业、体验业等其他产业有很深很广的交叉，博览学是一门交叉、综合性强的学科，与教育学、传播学、公共关系学、历史学、考古学、地理地质学、天文学、化学、物理学、医学、生物学等具有广泛的联系。

第三，博览需求属于人们的高级需求，因此博览业在发生经济危机时将受到较大的冲击，博览项目主办方要注意防范这一类的风险，最好多种经营。

第四，博览业属于直接面对消费者的产业，它的产品与服务直接面向最终的消费者。

第五，由于知识与信息的传播具有"非重复性"[①]，很多博览项目很难吸引一般的消费者再次参观（也有多次参观的，但一般属于个别情况），因此应注意设置在人口总量大的地方，或流动人口多的地方。

第六，有些博览项目（如植物园、动物园等）可以吸引消费者再次参观，尤其是那些首次参观者年龄尚小，在从幼年时期逐渐成长的过程中，伴随着接受、理解、感悟能力的增强，有可能再一次参观，因此主办方应努力吸引消费者再次消费。

第七，有些博览项目（如植物园、动物园等）是可以并适合连锁经营的，因此有关的商界精英应该高瞻远瞩，尽量发挥连锁经营的规模化、专业化、低成本、抗风险能力强的优势，走现代商业之路。目前连锁经营的博览项目极其少，绝大部分停留在原始的商业模式。[②]

第八，博览业吸收劳动力的能力比较强，向参观者提供讲解等服务、维护与保护展品、物业管理等需要大量的员工。

第九，一个国家或地区的博览业发达与否，在一定程度上反映了该国或该地区文明的程度，以及在知识经济中的地位。

---

① 张守一. 知识经济概论［M］. 北京：中央广播电视大学出版社，1999：113.

② 当然，这也和其他的原因有关，比如很多博览项目都是政府、政府部门、事业单位等主体主办的，无法走商业的连锁经营的路线。

第三章　博览业的分类

分类是在定义囊括的集合内进一步划分子集，以便进一步分析和理解集合内的各个元素的特点。本章主要介绍按照不同的分类标准对体验分类产生的分类结果，并逐一介绍不同类别的定义、特点，并进行举例说明等，有的还会在子集的下面继续进行分类。

目前，在国家统计局的国民经济行业分类（GB/T 4754－2011）中，并无专门的“博览业”这一提法。本书所提到的博览业，分布于目前行业分类标准的若干个行业中，如“L 租赁和商务服务业”下的“7292 会议及展览服务”，“M 科学研究和技术服务业”下的“751 技术推广服务”，“R 文化、体育和娱乐业”下的“8750 博物馆”和“8760 烈士陵园、纪念馆”等。

第一节　根据主题划分的分类

一、产品与工艺博览业

产品与工艺博览业指主要向参观者提供某一个主题方面的产品与工艺方面的知识或信息的博览业，例如我们常见的某某电子产品博览会、上海玻璃博物馆、某某钟表博物馆等。

（一）产品博览业

最常见的产品博览业是我们生活中众多的产品博览会，有些也叫“陈列会”（晚清、北洋政府时期的叫法）、“展览会”、“展销会”、“交易会”等，如

“深圳国际酒店设备及用品展览会”。这些产品博览会的特点是：往往是临时的、短期的，主要给参观者提供最新的产品方面的知识及信息，因此往往获得行业内的关注。它的展品一般属于参展商所有，而不是举办方所有。

早期的博览会因为刚开始举办，还提供奇特的、不常见的产品的知识或信息，因此当时还被不认可这种活动的清政府贬称为“炫奇会”等，认为这种博览会只是炫耀新奇之物，不以为然。现在的产品博览会主要是提供最新的产品的知识或信息，很少有大家从没有见过的既有之物了，当然，有时偶尔也还会出现，比如深圳国际文化博览交易会（以下将会把类似性质博览会简称“文博会”）上有时会展示某种奇特的大家很少见过的地方艺术品。

有些活动虽然名字叫产品博览会或展销会之类的，但是实质是一个集市、超市性质的，笔者认为这不属于博览业，比如有些会展中心到了中秋节搞一个月饼展销会，到了年底搞一个年货博览会或展销会，或者有时搞一个商品房交易会、婚博会（婚庆产品博览会），大家要注意区别。

像上海玻璃博物馆这样的产品博览馆则是长期的博览项目，而且展品的产权是博览馆所有。

（二）工艺博览业

现在很少有单纯的工艺博览项目，但是笔者预测将来会广泛出现（精明的商人们需要注意了）。

现在的工艺博览项目基本上都是融合在产品工艺博览项目、行业历史博览项目等博览项目里面。例如上海玻璃博物馆里既有各种玻璃制品的展览，也有玻璃制作工艺的展览；南通纺织博物馆里除了展览纺织工艺外，还展出南通纺织发展历史，各种纺织制品；有些产品博览会也会顺带展出陶瓷制作工艺、中国结制作工艺等。

笔者认为，工艺博览业重点在于让人们了解各种工艺知识，因此荟萃型的工艺博览馆特别适合开发出来给儿童消费，例如小朋友进去之后可以逐一了解制作豆腐、玻璃、纺织、打铁、制作陶瓷等工艺知识。

二、历史博览业

历史博览业是指向参观者提供某一个历史主题的知识或信息的博览业，这些历史可以是某国、某地区的历史，某单位的历史，某产业发展历史等。例如中国历史博物馆里展示的是中国发展的历史，深圳博物馆里展示了深圳的发展历史，中国钱币博物馆里展示了钱币的发展历史。

（一）地区历史博览业

地区历史博览业是指向参观者提供某一个地区发展历史的知识或信息的博览业，这个地区可以是国家、省、城市等。例如中国历史博物馆、湖南省博物馆等。

地区历史博览项目的特点如下：

（1）往往由相对应级别的政府或其指定的下属机构举办，或获得其大力支持；

（2）经费来源稳定；

（3）负责人由政府或指定的下属机构委派，其他高层管理人员的任命也可能受其影响；

（4）展品中有不少属于珍贵的文物，级别越高，珍贵程度越高；

（5）展品的产权属于相对应级别的政府，而不属于博览单位自身；

（6）特别重视安保措施，级别越高，安保措施越严格；

（7）具有宣传地方、对外交往等重要功能；

（8）与任何广告一样，可能具有造假、故意制造假象、自夸等成分，很多强调历史悠久、历史如何发达的文物存在造假[①]；

（9）一般是公益性质，免费或以优惠价对外开放；

（10）博览项目本身还配有文物保护、研究等功能；

① 珍妮特·马斯汀编著的《新博物馆理论与实践导论》里讨论了这些问题，博物馆实际上捍卫的是主办方的历史观与价值观，并可能会因此作假。因此参观者应成为一个有主见的，会提出意见的参观者，而不是全盘接受。珍妮特·马斯汀．新博物馆理论与实践导论［M］．钱春霞，等，译．南京：凤凰出版传媒集团，江苏美术出版社，2008：121－139.

（11）负责人等很多从业人员具有文物学等相关知识、学位及兴趣，并以此为乐、为荣，从而使博览项目可能脱离群众，忽视参观者的感受；

（12）投资者大多并不重视该博览项目的经济效益，目前也很少以此来评价运营者的功过。

由于地区历史博览项目具有宣传地方、对外交往等重要功能，因此地区历史博览业目前是历史博览业中的规模、数量最大的博览业，也是整个博览业中的规模、数量最大的博览业。

也由于上述原因，很多的博物馆协会、教科书、学者产生了错觉，导致他们制定的“博物馆”的定义中包含“藏品”（而不是用“展品”的表述）、“收集、研究藏品”、“非营利性机构”等不必要的限制性属性，也从而人为地缩小了“博物馆”的定义内涵，因此也导致该定义无法统领其他植物园、动物园、水族馆等。

笔者注意到，很多动物园、水族馆、植物园另外成立了相关的协会，例如中国动物园协会、日本动物园水族馆协会。而且笔者推测他们中有很多人并不认为博物馆协会适合领导他们，也许一听名字就感觉不爽（汉语中的成语“名不正言不顺”实在精辟）。

（二）产业历史博览业

产业历史博览业是指向参观者提供某一个产业发展历史的知识或信息的博览业，例如中国电影博物馆（北京市朝阳区，官方网址：http：//www.cnfm.org.cn/）通过展品提供中国电影产业发展历史的知识。目前，这种产业历史博览项目还比较少。

产业历史博览项目的特点如下：

（1）一般由某产业行业协会或某行业发达地区创办；

（2）具备不少的文物，但是文物一般不是很珍贵；

（3）具有宣传地方、行业等重要功能；

（4）与任何广告一样，可能具有造假、自夸的成分；

（5）一般是公益性质，免费或以优惠价对外开放；

部分特点与地区历史博览业类似，这里不再赘述。

（三）个人（名人）历史博览业

个人历史博览业是指向参观者提供某一个个人的人生历史的知识或信息的博览业，一般而言就是某位名人，有时也会叫“某某纪念馆”、“某某故居”，例如上海鲁迅纪念馆、湖南韶山市的毛泽东故居等。

目前，由于旅游业的推动，这种个人（名人）历史博览项目还不少。

个人（名人）历史博览项目的特点如下：

（1）一般是具有良好声誉的、有过重要贡献的或具有学习楷模效益的、已故（也有仍然在世的）的名人；

（2）一般由该名人的故乡、居住地、意外死亡地或其他与之有过紧密联系的地方举办；

（3）一般同时具有纪念这位名人的功能；

（4）一般是公益性质，免费或以优惠价对外开放；

部分特点与地区历史博览业类似，这里不再赘述。

如果该项目内没有众多的展品，只有少量展品或无展品，其余是介绍性的展板、视频影片或纪念性雕塑等的，笔者认为不属于博览业，而属于单纯的纪念项目，例如北京的人民英雄纪念碑、某某名人的衣冠冢。

（四）其他历史博览业

其他历史博览业目前比较少，内容也比较杂，有的是展示某大型单位、某大型公司的发展历史（小公司的一般只达到展览室规模，达不到博览项目的标准），有的是展示某政府部门的发展历史，有的是展示某民俗的发展历史，有的是展示某宗教的历史，有的是展示某产品（并非产业）的发展历史等。

比如中国电信集团公司下属的中国电信博物馆（北京市，官方网址：http：//museum. chinatelecom. com. cn/）展示了电子通讯文化及该公司的发展历史；烟台张裕葡萄酿酒股份有限公司下属的张裕酒文化博物馆（山东省烟台市，官方网址：http：//www. changyu. com. cn/site/museum. html）展示了葡萄酒文化及该公司的发展历史；中国航空博物馆（北京市，官方网址：http：//www. chn－am. com/）展示了新中国空军诞生、成长、壮大的历史；中国航海博物馆（上海市，官方网址：http：//www. mmc. gov. cn/）展示了中国古代、近代、现代的航海历史，以及中国海军的发展历史。

三、地理地质博览业

地理地质博览业是指向参观者提供某地理地质方面的知识或信息的博览业，比如中国地质博物馆（北京市西城区，官方网址：http：//www. gmc. org. cn/），通过展示水晶、紫晶等矿物石、宝石、史前化石等各种展品，给参观者提供地质方面的科学知识。

地理地质博览业（项目）的特点如下：

（1）属于自然科学博览业；

（2）展览的内容比较科学、可观；

（3）部分内容与人们的生活、健康、美容息息相关，值得普遍推广；

（4）应提供通俗易懂、深入浅出的说明，最好是提供讲解员服务；

（5）特别适合作为儿童、中学教育的辅助性活动。

目前地理地质博览项目比较少，尤其是地理类的博览项目。主要是因为地理类的博览项目很难用合适的展品来表述地理方面的知识或信息，笔者建议可以用人工制作的模型来扩展展品的种类与数量，比如用地球仪来说明地球地理知识，用中国地形模型来说明中国的地形特征等相关知识。

亲爱的读者请注意，一些不对外开放（偶尔举办一次“对外开放日”的也不算）的地理或地质研究机构即使有标本、样品等，也不属于地理地质博览业。

四、天文博览业

天文博览业是指向参观者提供天文方面的知识或信息的博览业，比如北京天文馆（官方网址：http：//www. bjp. org. cn/），通过展示天象仪、伽利略望远镜、各种陨石等各种展品，给参观者提供天文方面的科学知识。

天文博览业（项目）的特点如下：

（1）属于自然科学博览业；

（2）展览的内容比较科学、客观；

（3）内容与人们的日常生活关联不大；

（4）应提供通俗易懂、深入浅出的说明，最好是提供讲解员服务；

（5）特别适合作为儿童、中学教育的辅助性活动。

目前天文博览项目比较少，主要是因为天文类的博览项目很难用合适的展品来表述天文方面的知识或信息，目前的展品主要集中在陨石，观测仪器（含历史上的），火箭、卫星、航空服等的模型或已经退役的物品，经历太空遨游后产生变异的生物品种等。

笔者建议可以用人工制作的模型或模拟的环境来扩展展品的种类与数量，比如用火星模型来说明火星的知识，用模拟的太阳系环境（星球模型 + 模拟的运行 + 光线的变化等）来说明太阳系相关知识。

亲爱的读者请注意，一些不对外开放（偶尔举办一次“对外开放日”的也不算）的天文研究机构（比如天文馆、天文观测站）即使有标本、样品等，也不属于天文博览业。

另外，没有众多展品的对外开放的天文展览项目也不属于天文博览业，比如有些天文馆或天文观测站没有展品或只有少数展品，剩余的全部是用图片展板、视频影片等来“冒充”展品，这样的天文馆就不属于天文博览业。

五、生物博览业

生物博览业是指向参观者提供生物方面的知识或信息的博览业。

目前，生物博览业中比重最大的，也是人们最常见的是植物博览业、动物博览业，即人们常见的植物园、动物园。

生物博览业（项目）的特点如下：

（1）展品大部分是活着的生物，少数是标本；

（2）对活着的展品的管理比较特殊，需要专门的工作人员维护（种植或饲养），并形成一定的运营成本；

（3）活着的展品存在更迭（死亡，下一代的新生）的现象；

（4）活着的展品在不同的时间释放出的知识或信息不完全一样，比如植物在开花季节释放出开花的知识或信息，孔雀开屏时释放出孔雀开屏的知识或信息；

（5）如何尽量让参观者参观时接收更多、更全的信息值得主办方研究；

（6）参观者与活着的展品之间的互动关系更加容易形成，也非常重要；

（7）属于自然科学博览业；

（8）展览的内容比较科学、客观；

（9）和人们的生活、饮食、交通、医疗等息息相关，值得大力推广；

（10）特别适合作为儿童、中学教育的辅助性活动，深受广大儿童的喜爱，已经成为很多人童年的记忆；

（11）特别适合作为亲子活动的项目；

（12）有助于提高人们对生物及其多样性的保护意识；

（13）特别适合发展成为连锁经营、品牌化、统一的质量管理体系、国际化的大型企业，而且可大可小（小到可以以某种、某属、某科、某类生物为主，如多肉植物博览馆；大到可以投资建设大型的生态生物博览园，如有各种各样的植物、动物、菌类生物等）。

（一）植物博览业

植物博览业是指向参观者提供植物方面的知识或信息的博览业，通过展示乔木、灌木、草本植物、水生植物等各种植物展品，给参观者提供植物方面的科学知识。

根据展示植物种类的多寡，植物博览业又分综合型植物博览业与单一型植物博览业，比如北京植物园（官方网址：http：//www. beijingbg. com/）与中国竹子博物馆，后者一般仅展示某一种、某一属或某一科的植物。

值得注意的是，这里说的“单一”是相对的单一，非绝对的单一；这里说的“某一种”的“种”也是生物学上的概念，并非普通语言意义上的某一种植物。由于生物学中的种下还有亚种，所以某一种（生物学概念）植物下可能具有许多种（普通语言概念）植物。[①] 所以，如果只有普通意义上的一种植物，则不属于博览项目了，比如说十亩荷塘虽然大，但是荷塘里的荷花属于同一种（普通语言概念）或很少几种荷花则不是植物博览项目。

植物博览业（项目）的特点如下：

（1）展品相对于动物博览业来说是静止的；

（2）展品可能有毒，需防止参观者尤其是儿童因触摸、允吸等发生中毒；

（3）如需对植物喷洒农药，需特别注意防备措施，以免发生参观者中毒事件；

（4）展品可能导致部分人或所有人过敏，如某些花粉或释放出来的气味，需做好提示及防护措施；

（5）很多植物与人们的饮食、健康、医疗、食疗、美容等具有密切联系，因此值得推广，并加以特别展示（笔者建议每一个县级城市均可以建设一个规模适当的植物博览项目，北京、上海、深圳这样的大城市则可以建设多个）；

（6）气候突变可能会导致一些植物突然死亡，因此经营时需加以防范；

（7）应尽量全面展示植物的花、果、种子等，如无法同时以活体展示，可以辅以标本、模型或图片、音像资料。

非常遗憾的是，目前很多植物园属于植物研究机构举办，重视植物学研究，并以此为荣，未给传播植物学知识、植物园的经济效益与普世化予以足够的重视，例如中国的植物园基本上都属于中国科学院举办，或为其下属单位。该问

① 种（Species）也叫物种，是分类系统中最基本的单位。一般情况下物种之间是有明确的界限的，即生殖隔离，互不交配，各自产生自己的后代，即使交配了，其后代也是不可育的，例如：公驴×母马→骡。亚种（Subspecies）是次于种的一个种级分类等级，为国际动物命名法规所承认的最低分类等级。同种生物不同亚种之间可以交配繁殖可育后代，例如：黄种人与白种人。分类学专家们总是先定义一个种，然后，再定义亚种。设立亚种至少就是两个，如果只有一个亚种，那这个亚种就没有设立的必要。一旦定义了亚种，那就要把所有这个种中已经发现的群体归入各自不同的亚种中去，这样就不会出现这个是正种，那几个是亚种的说法。

题将在下面的有关博览业的经营的章节进一步分析。

与植物研究所以植物物种研究为主要任务不同，植物博览项目是以提供植物博览服务、传播植物学知识与信息为主，当然两者也可以合并在一起兼营（现在中国很多植物园属于此类），但一定要根据彼此不同的特点实施不同的经营、管理策略。

图 3-1

2012 年 11 月 14 日，笔者振中在第 13 届国际植物园协会大会上发表题为“Re-recognize the Role of Botanical Gardens: A Part of the Grand-display Industry, Flourishing Future in Knowledge Economy”的英文演讲

【小知识】

国际植物园保护联盟（BGCI）成立于 1987 年，是世界上最大的植物多样性保护国际组织之一，其存在是确保全球的濒危植物得到保护。国际植物园保护联盟目前拥有来自 120 多个国家的 800 多个植物园、研究机构以及个人会员。其通过在伦敦的总部和区域性办事机构包括中国、美国、新加坡、肯尼亚、俄罗斯等来传达植物保护的各目标。并通过提供各种资源和出版物，举办一系列的国际会议、培训班和制订许多直接的植物保护方案等支持目标的实现。（官方网址：http://www.bgci.org/）

（二）动物博览业

动物博览业是指向参观者提供动物方面的知识或信息的博览业，比如深圳动物园（广东省深圳市，官方网址：http：//www. szzoo. net/），通过展示爬行动物、哺乳动物、鸟类等各种动物展品，给参观者提供动物方面的科学知识。

根据展示动物种类的多寡，动物博览业又分综合型动物博览业与单一型动物博览业，后者一般仅展示某一种（生物学概念）、某一属或某一科的动物。如果只有普通意义上的一种动物，则不属于博览项目了，比如说某麋鹿园虽然大，但是里面的麋鹿属于同一种（普通语言概念）或很少几种麋鹿则不是动物博览项目。

动物博览业（项目）的特点如下：

（1）一般来说，展品相对于植物博览业来说是活动的，当然，也有少量是全部由标本构成的、静止的，比如深圳博物馆（广东省深圳市，官方网址：http：//www. shenzhenmuseum. com. cn/）老馆中的野生动物展厅及海洋生物展厅；

（2）展品可能会主动或因为有人挑逗等原因而攻击参观者，需做好提示及防护措施，尤其是部分凶猛的动物或有毒的动物；

（3）展品可能导致部分人或所有人过敏，如某些动物释放出来的气味，需做好提示及防护措施；

（4）很多动物与人们的饮食、健康、医疗、食疗、美容、交通、劳动等具有密切联系，因此值得推广，并加以特别展示。

（5）瘟疫流行可能会导致一些动物死亡，因此经营时需加以防范；

（6）应采取有效措施以尽量全面展示动物的跳跃、开屏（孔雀）、游泳、飞翔、捕食、交配等知识或信息，如无法同时展示，可以辅以图片、音像资料。

目前的动物园有的包括水族馆，有的没有，有的另外建有水族馆、海洋生物馆等。

【小知识】

世界动物园与水族馆协会于1946年在荷兰鹿特丹成立，原名国际动物园园长协会，于2000年更名为世界动物园与水族馆协会，2001年10月将行政办公室设在瑞士。现有300多个会员，会员所管理的单位每年有数亿的参观者访问。在推动动物园、水族馆发展、动物多样性保护、环境生态教育等方面做出重要的贡献。(官方网址：http：//www. waza. org/)

(三) 其他生物博览业

其他生物博览业是指向参观者提供其他生物方面的知识或信息的博览业，比如某某百菌园通过展示各种菌类给参观者提供菌类方面的科学知识。

目前这一方面的博览项目还不多（精明的商人注意了）。

六、医学博览业

医学博览业是指向参观者提供养生、保健、身体锻炼、防疫、医疗、自我救护等医学方面的知识或信息的博览业。比如：广东中医药博物馆（广东省广州市，官方网址：http：//www. gdcmm. org/）通过展示有关中医药的历史、药用植物、药材标本等提供中医学知识；广西壮族自治区药用植物园（广西壮族自治区南宁市，官方网址：http：//www. gxyyzwy. com/）展示各种中草药植物，提供中医学知识。

医学博览业根据内容还可以细分：如根据中西医学的区别分为中医学博览业与西医学博览业；如根据药材与医术的区别分为药材博览业、医术博览业；如根据保健与治疗的区别分为保健博览业与医疗博览业；根据人与动物医学的区别分为人类医学博览业与兽医学博览业；等等。不过，目前医学博览业规模小，一般情况下无需区分得太细。

医学博览业（项目）的特点如下：

（1）与人们的健康、医疗、食疗、寿命等具有密切联系，因此值得推广，并加以特别展示。

（2）有助于提升国民身体素质、养生意识；

（3）有助于间接地提升国民幸福感，减少病痛，提高国内生产总值；

（4）医学博览业更容易吸引参观者；

（5）医学博览业需要更人性化的说明，尤其注意突出传播大众化的知识或信息；

（6）目前医学博览业规模小，医学博览项目数量少；

（7）目前医学博览项目主要集中在中医学博览项目，尤其是中药植物园项目上，而且大都集中在中国①；

（8）目前医学博览项目大都由中医科大学举办，重视公益性，重视学术研究，不重视经济效益，服务质量、博览项目的趣味性实用性娱乐性等还有很大提升的空间；

（9）医学博览业和生物博览业、地质博览业在内容上有一定的重叠，因为很多药材来自动植物、矿物，尤其是中药材；

（10）医学博览业和产品博览业、历史博览业在内容上也有一定的重叠。

七、艺术博览业

艺术博览业是指向参观者提供艺术方面的知识或信息的博览业，比如某某书法作品展通过展示某某书法家的各种书法作品给参观者提供书法方面的信息。

艺术博览业（项目）的特点如下：

（1）艺术博览业有熏陶、陶冶情趣、培养艺术气质、弘扬真善美的作用，值得大力推广；

（2）艺术博览业中的作品博览项目反映了作者的观念、感情、喜好，具有一定的主观性；

（3）艺术博览业中的作品博览项目一般展示的是名人、大师、新锐艺术家具有代表性的作品；

（4）目前的艺术博览项目大都是短期的，少部分是永久性的，例如中国美术馆（北京市，官方网址：http：//www. namoc. org/）内有永久性的馆藏展品

---

① 国外也有少量，例如据有关新闻报道，广西药用植物园与英国爱丁堡皇家植物园于 2010 年签订了共建中药园的协议，由此将中药园引进了英国爱丁堡皇家植物园。参见中医世家网，网址：http：//www. zysj. com. cn/zhongyixinwen/zonghexinwen/7/73032. html。

10 万余件，关山月美术馆（广东省深圳市，官方网址：http：//www. gsyart. com/）内永久性展出中国著名国画家、教育家、岭南画派大师关山月的美术作品；

（5）目前的艺术博览项目大都是提供关于艺术方面的信息（如作品展），极少数提供关于艺术方面的知识（如油画的色彩形成原理、篆刻的系统知识等）；

（6）目前的艺术博览项目主题大部分是平面艺术，立体艺术比较少，行为艺术则更少；

（7）目前的艺术博览项目大都与宣传某位艺术家及其作品、某区域的艺术家及其作品结合在一起，同时具有广告的性质；

（8）由于目前的许多艺术作品脱离了群众、脱离了生活，有时候艺术家自己都莫名其妙，因此很多艺术展览项目无法吸引到广泛的参观者①；

（9）部分展品价值连城，需要采取严密的安保、保藏等措施，甚至需要有关方为之购买保险。

（一）平面艺术博览业：绘画、摄影、书法等

平面艺术博览业是指向参观者提供平面艺术方面的知识或信息的博览业，比如某某摄影作品展通过展示某某摄影家的各种摄影作品给参观者提供各种信息。

书、电子书、网页、视频作品一般情况下不认为是平面艺术品，特殊情况下可以视为平面艺术品，比如奥斯卡电影评奖时在一定程度上将各部电影当成艺术品来评价。因此，中国电影博物馆可以视为平面艺术博览项目。当然，该博物馆同时也是产业历史博览项目、产品历史博览项目。

平面艺术博览业（项目）的特点如下：

（1）展品重量轻，一般可以卷起，因此运输、装卸、陈列、移动展品比其他博览业更为容易；

① 笔者认为，好的艺术作品，包括学术研究永远充满对人的关怀、关注，而不会脱离群众与生活。

（2）展品容易被盗窃，需要加以防范；

（3）展品容易被撕毁，需要加以防范；

（4）展品容易受潮、被虫蛀、被火损毁，需要加以防范；

（5）目前的展品之产权大都是参展者所有，而非主办方所有；

（6）常常有人愿意购买展品，从而使展览与拍卖、展销成为一种融合的常态；

（7）展品与人们的居家、公共场所摆设有重大关联，值得推广；

（8）展品中的绘画、摄影作品容易与负面事件、物品发生联系，容易被人利用。

正如前文提到的，平面艺术作品博览项目与一本与之主题内容相同的书是有区别的，比如某某书法作品展与将该展出作品编辑印刷成的书是有区别的，前者是真正的展品，后者是书。参观者现场看作品与读者看书上的作品两者所获得的信息不完全一致，一般来说展品所发出的信息更完整、更真实、更具有感染力。电子书、网页、视频与书类似，这里不再赘述。

尽管如此，平面艺术作品博览项目与一本与之主题内容相同的书或电子书、网页、视频所获得的信息差别不是很大，平面艺术作品博览项目也因此受到冲击。

事实上，现代的摄影、印刷、影视、网络、立体（3D）软件等信息传播技术已经冲击到所有的博览业，当然无法完全取代，同时也在另外的角度给博览业带来一定的帮助。下文将会在其他章节继续深入探讨该问题。

（二）立体艺术博览业：雕塑、工艺品等

立体艺术博览业是指向参观者提供立体艺术方面的知识或信息的博览业，比如某某雕塑作品展通过展示某某雕塑家的各种雕塑作品给参观者提供各种信息；某某工艺品展展示某一方面的工艺品。

艺术品、工艺品不等于产品，两者的主要区别如下：

（1）前者带着艺术创作的根本目的，后者带着解决生活需求的根本目的；

（2）前者一般无法大规模生产，也无法大规模机械化生产，后者一般可以；

（3）前者往往能给人艺术上的感悟，后者一般难以激发。

工艺品相对于艺术品来说，生产规模会大一点，但是仍然存在艺术创作的根本目的，并且无法大规模机械化生产。

立体艺术博览业（项目）的特点如下：

（1）展品重量有可能重，还有可能易碎，因此运输、装卸、陈列、移动展品比其他博览业更为困难；

（2）展品容易被盗窃，需要加以防范；

（3）目前的展品之产权大都是参展者所有，而非主办方所有；

（4）常常有人愿意购买展品，从而使展览与拍卖、展销成为一种融合的常态；

（5）展品与人们的居家、公共场所摆设有重大关联，值得推广；

（6）有些尖锐的、摆放不稳、悬挂式的展品容易造成意外人员伤亡事故。

（三）活动艺术博览业：行为艺术等

活动艺术博览业是指向参观者提供活动艺术方面的知识或信息的博览业，比如某某行为艺术作品展通过展示各种行为艺术作品给参观者提供各种信息。

目前，关于“活动艺术”的定义很少有人讨论，但是关于行为艺术的定义则在广泛的争论当中。

本书不打算重点讨论这个问题，因此直接告诉大家本书关于活动艺术、行为艺术的定义是：活动艺术是活动艺术品的简称，是指一种包含有动作的艺术品。行为艺术是行为艺术品的简称，是指一种同时包含有人及人的动作的艺术品。行为艺术品是活动艺术品中一种。

该动作是该艺术作品不可分割的一部分，该动作表达了创作者希望借助该动作向参观者传递的部分内容，动作与物组成完整的艺术信息。例如一件名为“高山流水”的带有水流的石雕作品；一个能不停优美摆动的艺术品；一个腰别一部手机，一只耳朵夹着一部手机，左手拿着平板电脑，右手试图拉开裤裆准备撒尿的男人构成的名为“电子时代的迷失”的行为艺术作品；一个上半身优雅洁净，带着官员制服，下半身邋遢肮脏的中年发福男子构成的名为“腐败”的行为艺术作品。

因此，用人的尸体制作的艺术品不是活动艺术作品和行为艺术作品，因为只有人的尸体，并没有人的动作，属于普通的立体艺术品。

如果一幅人体彩绘图与人体本身没有紧密结合，则该人体彩绘作品不属于行为艺术作品，因为该动作、该人体并不是该艺术作品不可分割的一部分，而是可以分开的。类似的还有故意在裸体上写书法①，或在人身体上文身，均不属于行为艺术。

表演艺术（如京剧表演艺术、影视表演艺术）不是行为艺术作品，两者的主要差别如下：

（1）表演艺术以行为、情节为核心，绝不会以物为核心，甚至可以没有物，而行为艺术一般以物为核心，即使不以物为核心，至少物是该艺术品必不可少的一部分；

（2）行为艺术中的动为静、物品的补充，而表演艺术中的动就是其核心；

（3）表演艺术中的动作比较复杂，而行为艺术中的动作比较简单，有些甚至就是简单的站立、躺卧等。

虽然因为现在很多行为艺术涉及色情、暴力、颓废、怪异，但是笔者认为这种艺术形式本身值得肯定，它同时拥有静态与动态的表现手法，这本身是一种优势，只要运用得当，能创造出优秀的艺术作品。

目前活动艺术种类很少，行为艺术最具代表性。

活动艺术博览业（项目）的特点如下：

（1）博览项目更加形象、生动，具有感染力；

---

① 参见有关新闻报道，如新浪网 2009 年的报道：《“人体书法”惹争议》，网址：http://news.sina.com.cn/c/2009-10-28/080816513202s.shtml。

（2）博览项目更加难以管理；

（3）行为艺术博览项目无法永久性展出，也无法确保每位参观者见到的展品处于同一状态，可能会有细微甚至较大的差别。

（四）综合艺术博览业

综合艺术博览业是指向参观者提供综合艺术方面的知识或信息的博览业。这里所说的综合艺术主要有两种存在的形式。

一种是一个主题博览项目上同时聚集了两种或三种（平面、立体、活动）的艺术作品。比如一个牡丹艺术作品博览项目通过展示各种与牡丹有关的平面、立体、活动艺术作品，如与牡丹有关的国画作品、摄影作品、剪纸作品、布料作品、服装作品、雕塑作品、头饰工艺品、宫灯工艺品等，给参观者提供与牡丹有关的各种知识与信息。

另一种是一个主题博览项目上展示的一些艺术品可能同时存在平面艺术、立体艺术、活动艺术内容。比如一件陶瓷艺术品上同时具有书法、绘画的艺术内容；一幅绘画作品上可能会局部地方设计成浮雕的效果；故意将一幅绘画作品画在一个角落的墙壁上（或将作品分为四块悬挂），利用自然角落形成的立体感与光线差异帮助体现绘画的主题内容；一件行为艺术作品中可能由一幅画＋一个人＋一些动作构成。例如三亚奇幻艺术体验馆（海南省三亚市，官方网址：http：//www. sanyaart. com/）展示了各种带有局部立体的绘画作品。

由于上文已经分开分析，这里不再赘述特点等有关内容。

【小知识】

三亚奇幻艺术体验馆位于海南省三亚市，由韩资企业投资兴建，馆内展出众多的立体油画艺术作品，即画面中局部元素做成立体浮雕效果的绘画作品，体验馆鼓励参观者与立体部分接触，从而构成与画面的互动，尤其在留影时留下人入画中的奇妙效果，因此举办者也称之为幻觉艺术。（官方网址：http：//www. sanyaart. com/）

图 3 - 2

一位参观者站在一幅立体油画作品中浮雕的梯级上留影①

第二节　其他分类

一、按展览内容是否通俗划分

（一）大众博览业

大众博览业（项目）是指在展示的内容总体上通俗易懂，适合普通民众参观的博览业（项目）。例如普通的植物博览园、动物博览园、普通的历史博览馆。

大众博览业（项目）的特点如下：

（1）它的参观对象定位为普通大众；

（2）它展示的内容总体上是通俗易懂的；

（3）它的展品说明要力求通俗易懂，尽量避免出现太过于专业的词汇或理论；

（4）博览项目其他方面的设计也应考虑观众属于普通民众这一特点；

---

① 图片来自三亚奇幻艺术体验馆官方网站，网址：http：//www. sanyaart. com/index. html。

（5）它的参观者众多，对于资金自筹或部分自筹的博览项目来说收入会更加有保障，也可以考虑到人口中等的城市主办，也能存活下去；

（6）它在科普、公民终身教育、丰富民众文化生活、博览业对国内生产总值贡献量等方面显得更加有意义；

（7）它更加适合资金力量雄厚的企业来进行连锁经营。

（二）专业博览业

专业博览业（项目）是指在展示的内容总体上属于较为艰深、系统的专业知识，适合专业、行业内人士参观的博览业（项目）。例如专业的竹类植物博览园、景天科植物博览园、航天航空博览会、密码博览馆等。

专业博览业（项目）的特点如下：

（1）它的参观对象主要定位为专业、行业内人士，当然一般情况下也不会拒绝普通民众入内参观；

（2）它展示的内容总体上是艰深、系统的专业知识；

（3）它的展品说明要力求专业、规范、科学、严谨，可以不是很通俗易懂，尽量避免出现太过于口语化的词汇或理论；

（4）博览项目其他方面的设计也应考虑观众属于专业、行业内人士这一特点；

（5）它的参观者较少，对于资金自筹或部分自筹的博览项目来说收入会没有保障，较为适合由政府或福利机构主办或由其提供扶持，一般不能到人口不多的城市主办，应在国际性大都市或能顺利吸引外来参观者的地方（一般都是具有历史优势，比如历史上在某一领域已经很有名）举办，否则很能存活下去；

（6）它在科普、公民终身教育、丰富民众文化生活、博览业对国内生产总值贡献量等方面意义不大，但是由于它的参观者往往都是行业精英、学者，因此在推动知识创新、奠定行业领先地位、推动行业革新、谋求知识财富产出方面具有重要意义；

（7）它更适合由行业或领域内的科研机构、学会、行业协会举办或经营。

二、按展览内容知识与信息含量比例划分

（一）知识型博览业

知识型博览业（项目）是指展览内容主要以知识为主，蕴含丰富的知识的博览业（项目）。例如以知识为主的植物博览园、动物博览园、地质博览园、医药博览园、安全教育博览园等。

知识型博览业（项目）的特点如下：

（1）展览内容主要以知识为主，蕴含丰富的知识；

（2）在科普、提升国民文化与综合素质、打造知识经济强国与强市、建设中国创造、推动行业知识创新、科研发展等方面具有重要的意义；

（3）更加适合作为学校的课外活动基地、公民终身教育场所，适合家长带着子女参观以及作为亲子活动场所；

（4）知识型博览项目中有部分展览内容属于专业博览项目，比较专业、艰深，不是通俗易懂的；

（5）国家及各级政府应该大力推动其发展，亲自主办或给予合适的扶持、支持，社会各界尤其是有关公益、慈善机构也应予以支持、扶持；

（6）不太适合那些紧张生活之后需要放松、休养、享受的参观者。

（二）娱乐型博览业

娱乐型博览业（项目）是指展览内容主要以休闲、娱乐、奇巧为特色的，蕴含知识较少，主要属于信息的博览业（项目）。例如比利时连环画中心（比利时布鲁塞尔市中心，官方网址：http：//www. comicscenter. net/）、上海商标火花[①]收藏馆（上海市普陀区，官方网址：http：//www. hhbwg. com/）、河北武强年画博物馆（河北省武强县武强镇，官方网址：http：//www. wqnh. gov. cn/）、日本麻将博物馆（日本东京市千叶县，官方网址：ht-

① 火花，即火柴盒上贴的包装纸，一般中央印有一幅图画，并在边上标注商标、生产厂商等信息。

tp：//museum. takeshobo. co. jp/）。[①]

笔者儿时也收藏过香烟盒、邮票，有很多人喜欢收藏明信片、信封、电话卡、发票、火车票、汽车票、电影票、电影海报、打火机、烟斗、筷子、刀叉餐具、领带、内衣等。这些藏品积累到一定的数量与规模时，且藏主（收藏者）希望与别人分享他的成就与收获时，就可以发展为一个娱乐型博览项目了。现在有一些学者认为博物馆起源于人们的收藏与忆旧，主要就是基于此。但笔者认为，其实这种起源只是博览项目起源的一个方面而已。

娱乐型博览业（项目）的特点如下：

（1）展览内容主要以信息为主，仅蕴含少量的知识；

（2）在休闲、娱乐、放松心情、释放精神压力等方面具有较大的意义；

（3）展品大都与娱乐活动、人们日常生活有关；

（4）展品、展览内容大都通俗易懂，大都属于大众博览项目；

（5）更加适合作为夫妇、情侣的活动场所；

（6）人们参观时显得更加的随意、放松，态度没那么严肃、认真，更加容易错过该项目的核心展品，应该主办方要更加注意提醒参观者或尽量将核心展品放在突出位置并进行醒目标志；

（7）更加适合和娱乐业、餐饮业等综合经营，甚至部分项目可以考虑不收取参观费用，利用博览项目吸引人流、聚集人气、提升艺术品位，而通过餐饮、娱乐等方面的收入贴补博览项目的成本。

（三）丰富阅历型博览业

丰富阅历型博览业（项目）是指展览内容润含的知识量介于前述两种博览业之间（项目）的博览业（项目）。

笔者认为，博览业（项目）中绝大部分属于丰富阅历型的博览业（项目）。

---

① 更多类似的博览项目：北京扑克博物馆（中国北京市宣武区）、中国金凤凰扑克博物馆（中国河南省漯河市）、中国扑克博物馆（中国山东省菏泽市）、昊泽扑克博物馆（中国吉林省长春市）、中国宁波麻将博物馆（中国浙江省宁波市）、美国辛辛那提市扑克博物馆、德国阿滕贝格镇扑克博物馆、法国伊西莱穆利诺市扑克牌博物馆、法国城昂古莱姆市连环画博物馆。

有意思的是，笔者这种划分方法思路来自笔者另外一本书《体验业，改变未来》中对体验业的划分方法①，然后却与欧美一些学者对博物馆功能“3E”的表述惊人地吻合，即 Educate（教育国民）、Entertain（提供娱乐）、Enrich（充实人生）②。

三、按展览地点在户内还是户外划分

（一）户内博览业

户内博览业（项目）是指在户内（室内）举办的博览业（项目）。例如绝大部分博物馆、美术馆都属于户内博览业。

有些户内博览项目为了吸引人气或更好地烘托氛围，会将几个展品摆放在门口、窗口等，这仍然属于户内博览项目。

户内博览业的特点如下：

（1）业务受下雨、降雪、大风等天气变化的影响较小；

（2）占地面积可能较小，尤其展览场地是设计为多层建筑时，因此选址时也可以设计在地价较高或中等的区域；

（3）由于地价的因素影响，一般可以设置在交通便利的地方，而不必设置在偏僻之处；

（4）投资、运营成本在建筑的修建与维修方面的投入相对较大；

（5）消防、展品受潮等问题需仔细设计并加强日常防范；

（6）需慎重考虑火灾、恐怖事件、暴力事件、地震情况下的人员疏散问题；

（7）户内的光线可能较暗，可能会影响参观者摄影摄像的效果；

（8）应妥善处理好室内绿化、通风透气、通光、层高太矮导致压抑等室内居住方面的问题。

---

① 振中．体验业，改变未来［M］．北京：中国发展出版社，2013：62－66.

② 王宏钧．中国博物馆学基础［M］．上海：上海古籍出版社，2001：45.

（二）户外博览业

户外博览业（项目）是指在户外（室外）举办的博览业（项目）。例如绝大部分动物园、植物园都属于户外博览业。

有些户外博览项目会将小部分展品安置在室内、棚内等，这仍然属于户外博览项目。

户外博览业的特点如下：

（1）业务受下雨、降雪、大风等天气变化的影响较大；

（2）应为参观者突遇降雨、降雪等问题提供协助措施；

（3）占地面积可能较大，因此选址时应设计在地价较低、中等的区域；

（4）由于地价的因素影响，一般设置在较为偏僻之处，因此应考虑消费者的交通问题，如申请增设特别的公交线路或自备巴士送参观者出入；

（5）应防范地处偏僻可能引发的抢劫等治安问题；

（6）项目占地面积较大的，需考虑项目内交通问题，如提供游览车、自行车租赁等；

（7）投资、运营成本在植被、绿化方面的投入相对较大；

（8）更加容易与旅游业结合运营，需认真设计，以创造更多的利润与贡献。

（三）综合博览业

综合博览业（项目）是指在同时在户内（室内）、户外（室外）举办的博览业（项目）。例如一些名人故居类型的博览项目既有室内展览部分，也有部分展品处于院子、前庭、屋前屋后等户外地方；一些历史遗址类型的博览项目既有室内展览部分，也有户外展览部分，以展示该遗址当时的户内户外生活；一些植物博览项目既有户外的展览部分，也设有专门的室内以展览植物标本、植物有关的产品（食物、药物、藤制品）等。

有关特点不再赘述。

四、按展览时间属于永久性还是短期性划分

（一）短期博览业

短期博览业（项目）是指展出时间较短的博览业（项目）。现在的博览会与绝大部分的艺术博览项目（如某某书法作品展、某某摄影作品展、某某油画作品展）都属于短期博览业。另外，很多长期博览单位也间歇性地举办一些短期博览项目，这些短期博览项目的展品一般是从同行或其他友好合作单位外借来做短期展览交流的。

短期博览业（项目）的特点如下：

（1）涉及撤展的事务；

（2）注意在布展、撤展时防止展品丢失、混同、损毁等情况；

（3）展品较大、展台搭建得较为复杂时，容易发生安全事故，主办方也要特别注意完善展台搭建工程管理；

（4）展品的产权一般属于参展人，而不是举办方；

（5）如参展人、参展单位数量众多，则可能出现展品质量及相关管理良莠不齐的情况，此时需要主办方强有力的管理、审核、过滤、监督措施，否则会降低整个博览项目的档次；

（6）展品适合或易于包装、运输、拆卸、安装等；

（7）应尽量选择在人们空闲、放假期间举办，尽量别在人们普遍繁忙时举办；

（8）需要采用现代化广告手段，靠传统的口碑相传的做法无法迅速达到理想的广告效果；

（9）如果广告措施不当，可能无法达到预计的参观人数，则可能构成亏损或不佳的效益；

（10）大型短期博览项目的参观者很多的，主办方应注意做好人员疏导、消防、治安安全防范等工作，防止发生挤塌展台、引发火灾、人员踩踏、财物盗抢、治安纠纷等意外事件。

（二）长期博览业

长期博览业（项目）是指展出时间较长甚至是永久性的博览业（项目）。例如博物馆、植物园、动物园都属于长期博览业（项目）。

长期博览业（项目）的特点如下：

（1）短期内不涉及撤展的问题（并非绝对不涉及撤展，如出现迁址、倒闭、自主关闭、更换展出主题，自然也涉及撤展问题）；

（2）由于在当地长期存在，应考虑参观者来源问题及再次参观的问题，例如动物园、植物园要设法吸引回头客（对于处于成长中的儿童来说容易，对于成年人则较为困难）；

（3）不可开设在人口过少的地区，应尽量开设在存在大量流动人口的地区，否则应设法吸引外来参观者；

（4）人们空闲、放假期间是营业旺季，人们普遍繁忙时是营业淡季；

（5）应将每周的休息日、年假、单位会议等安排在淡季，同时应抓住旺季的机会，安排一些节目或优惠活动；

（6）需要重视传统广告中的口碑相传，需注意自身的声誉；

（7）需要适当举办一些短期博览项目，以更新博览项目内容，制造良性的新闻事件，为民众提供新鲜内容。

有些博览会结束后，为了继续扩大博览会的影响，将精华、最受观众欢迎的展品留下来建立一个长期的博览馆，这也是一个不错的做法。

五、其他分类

（一）按展览项目是否有公益性划分

前文已经提到，非营利性并非博览业的本质属性，这样的自我束缚是完全没有必要的。按展览项目是否有公益性划分，可以将博览项目分为公益博览业与非公益博览业。也可以表述为营利性博览业与非营利性博览业。

前文已经提到，一般来说，如下的博览项目确实应作为非营利项目（仅再次简单提及）：

（1）全部或大部分的展品所有权属于国家或地方政府的博览项目；

（2）国家或地方政府给予资金保障，并因此明确要求不得营利的博览项目；

（3）属于历史纪念性质的博览项目；

（4）其他公益性博览项目（大都是一些特例）。

除此以外的博览项目可以是营利性的，包括一些国有企业也可以举办营利性的博览项目。

政府、慈善机构、慈善家应该主动创办一些具有重要积极意义的公益博览项目，例如与基础教育关系密切的生物、地理、地质、医学、养生、健康博览项目。

政府也可以给予一些博览项目进行补贴，以使该博览项目免费向儿童、老人、残疾人、伤残英雄、烈士家属等特殊人群开放，以及部分免费或优惠价向普通人群开放。

另外，需要特别指出的是，即使是公益博览项目也可以在合理范围内经营一些小的营利服务，如出售饮料、零食等服务；即使是非公益博览项目也应适当推出一些公益服务，如对残疾人士、军人、烈军属等特殊人群免费或部分免费。

（二）按展览项目公营私营属性划分

按展览项目公营私营属性划分，可以将博览项目分为公营博览业与私营博览业。

一般来说，政府应该并可以公营以下种类的博览项目：

（1）地区历史博览项目与地方名人历史博览项目；

（2）与基础教育、人们日常生活所需知识与信息关系紧密的公益性的博览项目；

（3）投资较大的、私营主不敢轻易投资的博览项目；

（4）博览资源应该掌握在政府手里的博览项目，如军事类博览项目或其他涉及保密性的博览项目。

还有其他的分类方法，这里不再赘述。

第四章　发展博览业的伟大意义：休闲、文化新航母即将起航

笔者主要从经济、政治、文化三个方面来全面阐述发展博览业的意义，且每一部分均从个人层面和整个社会的层面来分别进行分析，因为这不仅仅是加法的问题（尽管这样表述可能感觉有点重复）。当然，这里要着重指出的是，博览业最核心的意义还是这一点：它与教育业、出版业、体验业等构成知识经济的基础——即传播知识与信息。基础没有夯实，要建立知识经济强国、强省、强市则无从谈起。

为了让您对博览业有全面的判断，本章第四节专门介绍了发展博览业可能产生的消极意义。

博览业的影响将会甚为深远，下面逐节述之。商人、政治人物、学者尤其应该关注这一章，因为这里可能能够带来新的思路与出路。

第一节　财富新源泉：经济上的意义

一、个人层面上的意义

相对于个人来说，博览业的发展在经济方面有以下意义：

（一）增加更多的就业机会

因为博览业需要很多的人力资源，包括经营者和管理人员、接待人员、导游（讲解员）、安全保护人员、设备维护人员、配套餐饮游乐零售等服务商从业人员等。所以个人会在寻找新工作时增加就业机会。

（二）增加更多的创业致富机会

对于创业者、企业创办人员来说，一个新产业的兴起，也就是他们成长为新一类企业家，创业致富的机会来临了。谁有眼光、有创意、有魄力、有资金流入，谁就会捷足先登，脱颖而出。这同手机短信业、网络购物业和网络搜索业的兴起是一样的道理。

不过正如前文已经论述的，由于国际博物馆协会目前认为所有博物馆必须是非营利性的，所以很多国家包括中国的法律也进行了相应的规定，这导致目前要通过投资一些博览项目发财致富存在很大的障碍。不过笔者相信这种束缚很快将被历史抛却，大型、连锁、具有品牌影响力的博览项目将如雨后春笋般涌现，大家做好准备迎接这个伟大的商机吧！

（三）增加更多的消费方式

应该来说，博览需求是人们消费需求中比较高级的需求。当人们生活水平提高了，消费需求也会逐渐提高。因此旅游业、博览业、体验业必将兴起发达。过国庆了，还像往年那样吃吃喝喝逛逛公园已不觉得有意思了。或去风景区旅游一下；或带着小孩去植物博览园以寓教于乐的形式学习植物的有关知识；或带着小孩去医药养生博览园以寓教于乐的形式学习医药养生的有关知识；或带着小孩子去体验地震及逃生知识，是不是很有乐趣呢？所以，博览业的发展增加了新的消费方式。

博览业的发展也会促进旅游业的发展，两者往往结合在一起，增加更多的新鲜消费项目。

（四）提高了生活品位与质量

王琪延等编著的《休闲经济》认为，现在人们的“休闲方式过于狭窄”，经调查，北京居民“在周日平均全部闲暇时间（5 小时 45 分钟）中，看电视为 2 小时 29 分钟”，“休闲活动是被动和低层次的”。[①] 确实如此，在很多时候，很多民众不得不依靠纸牌、麻将、象棋、瞎逛马路等简单而重复的活动度过宝贵

① 王琪延．休闲经济［M］．北京：中国人民大学出版社，2005：28.

的闲暇时光，这些活动对释放生活压力，陶冶情操，启迪心智均明显落后于时代的需求。

在空闲之余，人们通过博览业去博览一些有益的展品，学到了新知识，了解到了新信息，增加了智慧，丰富了阅历，也丰富了生活，启迪了人们的思路。不知不觉中，身心得到了愉悦，生活品位与质量更高了。

这种消费属于知识或信息消费，是知识经济时代的一种重要的消费方式，也是高级的、高雅的消费方式。

二、社会层面上的意义

相对于一个社会、地区、国家或国际社会来讲，博览业的发展在经济方面有重要意义。

（一）提高知识经济的发展水平，帮助有关实体成为知识经济强国、强省、强市等

正如前文已经多次论证的，21 世纪以后许多国家的经济进入知识经济时代，知识成为最重要的经济因素，知识和信息的生产加工、传播、消费以及由知识带来的增值会大大增加。知识经济的出现，标志着人类社会正步入以知识资源为依托的新经济时代，由此引发的经济革命将重塑全球经济的新格局，并将引起政治、社会的全面变革。

知识经济的核心在于创造知识和应用知识的能力和效率（以高新科技产业、创意产业为代表和核心体现），而知识经济的基础则是知识与信息的广泛传播并为人们所吸收（以教育业、博览业、体验业、出版业、广播影视网络业为代表和核心体现）。因此，博览业正是推动知识与信息传播的一大途径，它和国民基础教育行业、培训行业、出版业、报刊广播电视网络行业等一道推动知识与信息的传播与被吸收。因此博览业能有利于提高国家或社会的知识经济的发展水平，并有助于有关实体成为知识经济时代的强国、强省、强市等。

笔者注意到最近深圳市提出了“大力发展博物馆事业”[①]，并且深圳市下属的福田区已经开始着手打造“博物馆之区”，在安托山建设一个由 20 ~ 30 个博物馆组成的博物馆群[②]，这无疑是先见之举。

（二）比较“绿色”地增加国内生产总值和社会财富

一个新兴产业的兴起，一般来说意味着新的生产的增加[③]，国内生产总值自然增加，对于地区或整个世界来说，社会财富自然增加。

以旅游业为例，中国的旅游产业从 1927 年建立至今[④]，才短短不足百年的时间，但是发展相当迅猛，1999 年国内旅游收入达 2 831. 92 亿元，占国内生产总值比重达到 3. 45%[⑤]。世界国际旅游的年收入 1980 年仅仅为 1 023. 63 亿美元，但是到 1998 年增加到了 4 394 亿美元，增长了近 3 倍多。有学者甚至认为，旅游业“必然”成为国民经济中的支柱产业。[⑥]

因为博览业是非常环保、低碳的产业，所以这种国内生产总值和社会财富的增加是比较绿色的。

---

① 参见《深圳市文体旅游局贯彻十七届六中全会精神推动文化改革发展的实施意见》，该文可以在深圳市文体旅游局官方网站获得，网址：http：//www. szwtl. gov. cn/engine/gettemplate. jsp？ temp_ Id = 47&guid = ｛CB5B2D36 - 0000 - 0000 - 332D - D35600000048｝。

② 参见《深圳特区报》有关报道：（2010 年 11 月 26 日，头版）《福田文化建设大手笔，计划建民间博物馆群》，电子版网址：http：//sztqb. sznews. com/html/2010 - 11/26/content_ 1330047. htm；（2012 年 3 月 1 日，A7 版）《福田区：建普惠型高品质文化强区》，电子版网址：http：//sztqb. sznews. com/html/2012 - 03/01/content_ 1945155. htm。

③ 一个新兴产业的兴起，并不必然引起新的生产的增加。如果社会的生产能力总量没有增加，而且没有剩余劳动力，则新兴产业的生产的增加，是建立在传统产业的生产减少的代价上的。但是，上述假设很少成立，因为社会的生产能力总量一般是随着科技进步和效率提高不断增加的，而且社会上一般存在剩余劳动力。

④ 唐留雄．现代旅游产业经济学［M］．广州：广东旅游出版社，2001：38. 但是，笔者对于该书的这个观点有一些异议。根据该书介绍，1927 年中国第一家中国旅行社“中国旅行社”挂牌成立，该书认为该旅行社的成立“标志着中国近代旅游产业的建立”。笔者认为，产业的建立意味着从事该行业的商业机构有很多并形成了一定的规模。如果仅仅少数几家商业机构也说是形成了产业，那古代秦淮河上的众多游舫就形成了旅游产业了，显然这样解释很勉强。笔者比较赞成这个“产业”的定义：“产业即是具有某种同类属性的具有相互作用的经济活动组成的集合或系统”。苏东水．产业经济学［M］．北京：高等教育出版社，2000：4. 因此，笔者认为实际上中国的旅游产业从建立至今大约只有 35 年的时间。

⑤ 唐留雄．现代旅游产业经济学［M］．广州：广东旅游出版社，2001：46.

⑥ 魏小安，刘赵平，张树民．中国旅游业新世纪发展大趋势［M］．广州：广东旅游出版社，1999：112 - 116.

（三）提高社会就业率和劳动者福利

博览业属于第三产业中的服务业，而服务业大部分属于劳动密集型的产业，博览业也不例外，因此对于提高就业率有很大的帮助。就业率的提高有利于改善人才市场人才供大于求的局面，从而有利于劳动者与雇佣方在劳动报酬上的博弈，从而获得更好的福利。

普通机械和智能自动化机器的推广，必然会吞噬大量的就业岗位，这是“机器吃人”的必然局面，从而导致人才市场供大于求。这种市场结构会导致两种状况：一种是存在大量的失业人员，其生活福利状况不佳；另一种是就业人员的工资水平受到雇方的压抑，生活福利状况下降，尤其在劳工保护比较差的国家更是如此。

改变这种状况的手段大致有三种：第一种是国家强制要求各企事业单位的雇方雇请超过合理数量的工作人员，人为地将生产效率重新降下来；第二种是国家加强劳工保护，保证在职劳动者的合理劳动回报；最根本的一种办法还是开创新的生产领域、新的工作岗位，尤其是那种知识含量高，技术含量高的工作岗位，这些岗位在很长的时间内无法被机器所代替。博览业正好能担任这样的角色。

人类发展的历史在某种程度上其实就是知识经济日益强盛的历史，机器发展的历史，新兴的知识性产业不断涌现的历史，诸如教育业、新闻产业、影视产业、软件产业、信息产业等，博览业的出现及发展壮大只是中间的普通一环。

在这里，笔者也要建议大学、职业技术学校尽快开设大的博览专业（现有的“博物馆学”专业培养的主要是历史博览项目方向的，可以作为其中的一部分），以培养博览业人才。

（四）增加国家税收

博览业增加社会财富，国内生产总值增加，国家又必然通过税收的形式参与这些财富的分配，国家税收自然也跟着水涨船高。

（五）国家外汇储备可能增加或减少，国际货币流通更广泛

一个国家的博览业如果非常优秀、丰富，会产生强大的国际性的消费吸引

力。如果一个国家的博览业相对比较发达，吸引外国消费者比较多，外国消费者必然带来大量的外汇，则其创收的外汇储备一般会增加。相反的，如果该国博览业不发达，则其创收的外汇储备会减少。消费者的跨国消费行为也会促进国际货币的流通更加广泛。

（六）增加跨国公司

博览业中很多项目适合连锁经营，例如植物博览项目、动物博览项目、医药博览项目。一个国家的博览业比较成功的话，一般会将适合去外地推广的项目在其他国家和地区推广，这样促成跨国公司的增加。外资和外国企业的涌入，会影响当事国的博览业的发展。

（七）促进旅游业、娱乐业和教育行业等相关行业的发展

博览业、旅游业、娱乐业和教育行业四者本身是紧密联系的，有的甚至是重叠的，而且有互为促进的作用，因此自然有促进它们发展的作用。

举例说，如果深圳建设一个亚洲最全最大且景色优美的植物博览园，上海建设一个亚洲最全最大且景色优美的动物博览园，景德镇建设一个世界最大最全且景色优美的陶瓷博览园，这些均自然将促进该地区旅游业的进一步发展；再如生物博览项目、地理地质博览项目、天文博览项目等学习型博览项目的发展，本身同时可视为大教育行业的发展，国家的教育体系、教育形式和教育内容因此更加完备。

博览业的乘数效应①还远不止如此，博览业有利于促进诸多产业的相互渗透合作，共同发展。比如航空主题的博览项目有利于国家科技的发展；服装博览项目能促进设计师产生设计灵感，以及促进民族服装的复兴与销售；文化博览项目能促进民族工艺品的销售；医药养生博览项目能促进人们身体健康及相关保健产业的发展。这也是未来的博览产业经济学应该研究的课题。

阿尔诺·勃兰特博士等编著的《汉诺威世博会对区域经济的影响》中以汉

---

① 乘数效应（Multiplier Effect）是一种宏观的经济效应，是指经济活动中某一变量的增减所引起的经济总量变化的连锁反应程度。

诺威世博会为例，详细、具体、科学分析阐述了博览会对区域经济发展的具体提升和促进作用①，值得大家一读。

这里，笔者尤其推崇的是，将城市的公园与博览产业结合起来一起发展，不仅发展了博览业，也让公园焕发更广袤的生机。现在很多公园因为没有特色，没有好玩的项目，往往只能吸引那些锻炼身体的人，或少数几个谈恋爱的年轻人，如果引入几个合适的娱乐型、学习型博览项目，立刻能吸引众多的儿童和年轻人来消费。而且很多博览项目投资少，一批玩厌了，马上可以引进新的博览项目。

（八）丰富了休闲产业的内容，成为休闲产业中的精华部分

很多学者认为休闲时代已经来临，我们应该为此做好准备。例如学者魏小安认为："目前，城市人的全年法定节假日 114 天，如果再加上各类其他休闲时间，总体闲暇时间将达到全年的三分之一。这意味着我们迎来了一个新的时代——休闲时代，也意味着一个新的产业的形成，即休闲产业的形成，这在中国人几千年的社会生活中是一个根本的变化，也将引发一系列新的变化。这需要建立新的生活观，新的文化观，新的产业观……休闲产业需要全面创新。"②

尽管休闲产业的具体范围还在讨论当中，但是一般认为休闲包括旅游、娱乐、体育、节庆等。③ 当然，也有部分学者（尤其是旅游学界）想用旅游来涵盖休闲，笔者不赞同这样的观点。

不过笔者对休闲产业的具体范围也有自己的看法，笔者认为，博览业作为休闲产业发展的创新成果，也应该是休闲产业的独立组成部分，而它的发展壮

---

① 阿尔诺·勃兰特．汉诺威世博会对区域经济的影响［M］．任树银，等，译．上海：上海科技文献出版社，2003.

② 魏小安．中国休闲经济［M］．北京：社会科学文献出版社，2005：80－81.

③ 例如，英国学者约翰·特莱伯认为"休闲……包括娱乐活动、旅游活动及一些非娱乐性质的活动"，我国学者吴承忠认为"休闲产业……以旅游业、娱乐业、体育健身产业和文化产业为主体的休闲产业集群系统"。

约翰·特莱伯．休闲经济与案例分析［M］.3 版．李文峰，译．沈阳：辽宁科学技术出版社，2007：2.

吴承忠．国外休闲经济发展与公共管理［M］．北京：人民出版社，2008：1.

大将丰富休闲产业的内容，使休闲产业进一步发展壮大、更成体系。

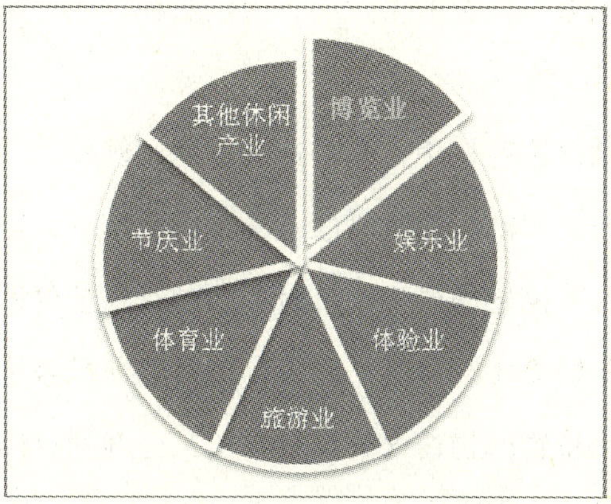

图4－1　笔者认为的休闲产业构成图

（包括本书的博览业及另一本拙著所阐述的体验业）

学者周觉认为："教育——休闲应有之义。"[①] 笔者认为博览产业作为传播知识（或信息）与休闲兼得的休闲产业，很好地实现了这样的目标，应该属于休闲产业中的精华部分之一，其地位应略优先于玩扑克、搓麻将等休闲活动内容。

（九）有利于提高劳动生产率

正如学者陈来成在《休闲学》中指出的，"休闲经济的发展可促使人们积极地参与休闲活动。而休闲可以使劳动者的体力和脑力得到恢复、补偿……通过休闲使劳动者在下一个劳动周期精神饱满，体力充沛，具有较高的劳动生产率。"[②] 笔者在《体验业，改变未来》中分析体验需求时也指出体验需求有助于"心理压力的释放"与"生活激情的恢复"。[③] 博览需求有助于心理压力的释放与生活激情的恢复，从而有利于劳动者在博览活动之后提高生产率。[④]

---

① 周觉．休闲的经济分析［M］．北京：经济科学出版社，2007：188.

② 陈来成．休闲学［M］．广州：中山大学出版社，2009：196.

③ 振中．体验业，改变未来［M］．北京：中国发展出版社，2013：107－110.

④ 笔者将在第五章博览需求分析中交代。笔者认为博览需求类似体验需求，因此本书不再对博览需求进行深入分析。如需详细了解该理论，请参见笔者拙著《体验业，改变未来》（中国发展出版社，2013：95－128）

从另外一个角度讲，由于博览业有利于提高民众的综合素质，这也能在一定程度上提高整个国家、社会的生产率，当然这种作用一般是潜移默化的，不是快速显著的。

当然，有部分情况这种作用也是快速显著的。例如，一些有益的工业产品博览会能迅速给善于学习的行业人士收益而提高生产率，也许会因为一个服装博览馆给某服装设计师灵感而导致一件世界新流行服装的诞生，也许会因为一个历史博物馆内的某历史文物给某产品设计师灵感而导致一件新工业产品的诞生，也许会因为一个植物博物馆内的某植物给某药剂师灵感而导致一种新药品的诞生。历史有时候总是充满传奇，有人将电风扇改个方向便发明了抽油烟机，而博览项目场所比普通的场所更会激发这种灵感、传奇的发生。

（十）将优化国家或地区的产业结构

随着机械化、自动化时代的推进，大部分的劳动力会从第一产业和第二产业中退出来，进入第三产业，第三产业将发展迅猛。如果第三产业发展跟不上，则会出现大量的失业工人，或大量工人被迫滞留在第一、二产业，导致第一、二产业的效率人为地低下[①]。由于机械，标准化生产不再是垄断性的生产工具或技术，所以其生产的产品的利润空间也被大大缩小，因此，第三产业是否发达成为衡量一个国家和地区的产业结构是否合理，是否尚可优化的一个重要标准。

因为博览业属于第三产业中的服务业，所以博览业的兴起将会大大增加第三产业在国民经济中的比重，因此将起到优化产业结构的作用。

（十一）国家经济监管内容增加

新经济新产业的出现，国家需要在法律法规上对之进行规范，将其列入国民经济发展纲要，增设新的监管职能部门进行监管，或原有监管部门增加监管工作内容，并纳入国民经济统计范围等。所以国家的经济监管内容也是随之增

① 例如，一些城市将大量的下岗工人安排作为交通协管员，反而使城市的交通管理效率显得非常落后。发达交通管理的城市的十字路口没有一个人管理也会井井有条。

加的。

（十二）增加新型的企业等商业机构、行业团体、研究机构等单位

新型的企业包括提供各种博览服务的企业，博览业行业协会，研究单位，杂志社、报社、网站等媒体。这些单位为博览业的发展添砖加瓦。

笔者特别希望能涌现出像美国华特·迪士尼公司、中国华侨城集团这样的大型的、专业的博览企业，打造出类似迪士尼乐园、欢乐谷这样的大型、连锁经营的博览项目。

（十三）是打造高端文化型商务区的重要元素

通过嵌入博览馆、艺术中心、文化沙龙等一些文化场所来打造高端文化型商务区（尤其是城市的中央商务区，即CBD）不仅可以冲淡商务区过于浓厚的商业、金钱至上的气息，提醒商界人士保留多种思维，放松商界人士对成功、利润的紧绷的神经，保持一种更为健康的心态；也有利于一些业务的洽谈，因为更为健康的心态、更为和谐的氛围下人们更加理性且不具有攻击性，更加容易达成合理的妥协和让步，促成业务的谈成；同时也为商务区的人们提供了一个特别的、愉悦的休憩、交流场所，因为类似博览馆、艺术中心、画廊等场所建筑的容积率①比较低，视野更为开阔，绿化园艺更为优美，空气更为清新，雕塑等美化设施更多；一些企业、企业高级管理者也乐于通过这些文化设施提升自己的品位与形象，包括租用文化场所举办商业活动、私人聚会，赞助文化活动，参加或付费邀请客户参加文化活动等。

从城市科学规划的角度来说，这样的规划搭配会使城市规划更为合理，例如容积率高的商务楼群中间搭配一些容积率较低、绿化面积较多的文化场所，会使该区域显得更为美好、愉悦。

事实上，在一些发达文明国家，“利用文化艺术来发展城市商业区变得越来

① 容积率是指一个小区的总建筑面积与用地面积的比率。对于住户来说，容积率直接涉及居住的舒适度，一般来说容积率越小，越舒适。

越普遍"①，例如柏林索尼中心等。

因此，博览项目是打造高端文化型商务区的重要元素，尤其是一些艺术博览项目、高档观赏植物博览项目非常适合嵌入到这种商务区中。

【小思考】

如果你是某地主管经济方面的官员或行政首长，你希望如何充分挖掘当地博览业在经济方面的发展潜力，促进经济发展？

另外，如何利用博览项目来优化当地中央商务区（CBD）、高端商务区的环境和氛围？哪些博览项目比较适合嵌入？

第二节 和谐润滑油：政治上的意义

一、个人层面上的意义

相对于个人来说，博览业的发展在政治方面主要有以下意义：

（一）政府官员造福国民、荣获政绩的新领域或新途径

政府官员，尤其是有创意的、有本事的官员，特别是旅游区、流动人口较大地区的官员，可以通过发展博览业，作出令人赞叹的成绩来获得政绩。这些成绩包括提高当地的地区生产总值、政府税收，提高当地的知名度，减少当地的失业率，提高当地居民的生活水平，吸引更多的外汇和外资等。

（二）学者获得新学术成果的新领域

一种新的学术学说的出现，往往会造就新的一批学术巨匠。例如，博弈论的出现，就造就了如冯·诺依曼、摩根斯坦恩、纳什、泽尔腾、海萨尼等一大批博弈论大家。博览经济学不太可能造就学术巨匠，因为它毕竟属于一种小的产业经济学，但是也能让学术人舞文弄墨一阵子了。

（三）国民多了一种释放不满与能量的正当途径

每个人往往在生活中有种种不愉快，种种不满，或者有多余的能量想找个

---

① 张子康，罗怡，李海若．文化造城：当代博物馆与文化创意产业及城市发展［M］．桂林：广西师范大学出版社，2011：8.

地方发泄一下（尤其是年轻人和精力旺盛的中年人），发泄往往通过寻求刺激来完成。如果这种发泄的正当途径比较多，那么个人要保持心态平衡更加容易。如果没有正当途径来发泄，恐怕有些自我调控能力差的人就会通过非正当途径来发泄。

所以，生活中的集会、游行、愚人节、狂欢节、单身男女之间的舞会、大众娱乐等活动都有这样的调节功能。博览业一般能提供新鲜的刺激，因此也能提供这样的正当途径。

二、社会层面上的意义

相对于一个社会来说，博览业的发展在政治方面主要有以下意义：

（一）政府造福国民荣获政绩的新领域或新途径

政府，尤其是有创意的政府，特别是旅游区、流动人口较大地区的政府，可以通过发展博览业，作出令人赞叹的成绩来获得政绩。这些成绩包括提高当地的地区生产总值、政府税收，提高当地的知名度，减少当地的失业率，提高当地居民的生活水平，吸引更多的外汇和外资等。

（二）促进社会稳定与和谐，增强正能量

健康知识与信息的广泛传播，失业率的减少，国内生产总值的增加，老百姓生活水平的提高，休闲生活形式的增加，正当的发泄能量与不满途径的提供等作用均有利于社会的稳定与和谐，增强正能量。

（三）扩大对外开放，传播本国本地优秀文化，争取文化话语权，提升当地知名度

由于博览需求是人类的高级需求，人类只有在经济发达的情况下才会去追求满足自己的高级需求。所以一般来说，一个地方的博览业发达是建立在当地比较发达的经济的基础上的，一个贫穷的地区是很难有发达的博览业的。同时，与人类的其他消费经验相比，博览消费者更乐于将自己的博览经验与其他人交流，包括介绍享受博览消费的地点。因为博览消费者希望将博览新鲜事物后的收获分享出来，因此发展博览业非常有利于扩大对外开放，传播本国或本地区

的优秀文化，争取文化话语权，获得其他国家人民的更大的认同，并提升一个地区的知名度。本来就经济比较发达，再加上发达的博览业，因此博览业的发展非常有利于提升当地的知名度和社会地其他国家人民的更大的认同。

例如，美国华特·迪士尼公司在法国、日本、我国香港等地设立了迪士尼主题公园，并即将在上海投资新建主题公司，当地入园游玩的游客成千上万，满意度非常高。这种企业传播了美国文化，扩大了美国文化的话语权，获得其他国家人民的更大的认同。同样的，博览业的发展也有这样的政治意义。

（四）推动各地市政公园改革的又一重要力量

世界各地市政公园作为民众休闲的重要场所，其发展经历了初始的发展阶段，走到了面临改革、提升的十字路口，否则无法适应民众日益提升的文化、精神、休闲方面的需求。像深圳、新加坡、巴黎这样的城市都在积极探索、研究如何让城市市政公园更健康发展，为民众提供更好的休闲、文化服务。然而笔者发现，更多的主管者是采用增加公园数量、国际流行园艺植物、流行园艺园林表现手法、新雕塑等方法，在文化内容创新方面还比较欠缺。

博览业与体验业、旅游业、娱乐业、餐饮业等产业的发展，是推动各地市政公园改革的又一重要力量。很多公园可以举办各种长期或短期、中型或小型的博览项目，如举办菊花展、景天植物展、多肉植物展、家庭园艺植物展、蝴蝶展、昆虫展、宝石展、扑克展等。

（五）推动国家文化产业发展壮大、深化改革的又一重要力量

某种程度上说，摄影技术的出现意味着写实型绘画的衰落，彩色摄影摄像技术的出现意味着黑白摄影摄像技术的衰落，影视作品的出现意味着传统戏剧的衰落……历史大浪总是后浪推前浪，不断向前发展。

博览业作为新兴产业的出现、发展、壮大，将推动国家文化产业发生局部性重新布局，优化文化产业结构，促进落后的文化产业、休闲活动品种淘汰，最终作为推动国家文化产业发展壮大、深化改革的又一重要力量，在历史上谱写新的篇章。

【小思考】

如果你是某地主管市政公园的官员或行政首长，你希望利用哪些博览项目来装扮、点亮你管理的公园？可行吗？成本压力大吗？市民会喜欢它们吗？

第三节　新文化软实力：文化上的意义

一、个人层面上的意义

相对于个人来说，博览业的发展在文化方面主要有以下意义：

（一）学习新知识或了解新信息，增加社会阅历或社会经验，提升综合素质

博览业本身是为了满足人类一种好奇心和探索的愿望而产生的，因此几乎每一种博览项目对于大部分消费者来说均有学习新知识或了解新信息，增加社会阅历或丰富社会经验的作用，这种作用最终有助于提高个人的综合素质。这是博览业对人们来说最核心的意义。

（二）增加对其他文化或生存状态的了解与理解

博览业中有很多项目是博览其他社群的过去或现在的文化或生活方式的，如博览少数民族的服饰、乐器，博览古代的生活器皿、生产工具等。这些博览能够增加博览者对其他文化或生存状态的了解与理解。古代人们的劳动是如何地繁重，古代人们对自然是如何地敬畏与迷信，少数民族有哪些独特的哲学视野和人生态度……这些在素质不同的博览者心里留下了不同的感悟，形成博览者自己的理解，至少每位博览者都能了解到许多感性的程序和现象。

（三）新的冲击带来新的灵感、思考和人生态度

新事物往往能给人强烈的刺激，这种新的冲击又往往带来新的灵感，启发人们去思考，并且影响着感受者的人生态度。举例说，关于服装的博览项目能给服装设计师新的灵感；工业设计博览项目如各种博览会能给工业设计师新的灵感；科技主题的博览项目往往会让博览者更加关注和信仰科学（尤其是小孩子们）；医药养生方面的博览项目能指导人们做好保健养生，养成良好的饮食生

活习惯；文化博览项目往往会增加人们对美的思考和自己生存状态的反思。

二、社会层面上的意义

相对于社会来说，博览业的发展在文化方面主要有以下意义：

（一）有利于民众文化、科学等综合素质的提高

“休闲经济使知识化的程度越来越高”[①]。当博览业发展成熟，民众能通过博览业轻松愉快地学到许多新的知识或了解到新的信息，增加社会阅历或社会经验。日久熏陶，民众的文化、科学等素质自然有所提高。例如消防博览项目能让人们学习到消防及火灾中逃生的知识。

这也是博览业对一个社会来说最核心的意义。

（二）作为社会大教育体系的一部分，为广大师生开辟新的第二课堂

博览业可以作为社会大教育体系的一部分，作为课堂教学的有益补充，为广大学校、研究机构、师生开辟新的第二课堂，尤其适合作为通识教育、素质教育、大学选修课、学校或班级活动的资源。

（三）有利于社群之间的相互理解、相互学习和交流

世界各国各民族，甚至各个社群各自有着千差万别、五彩缤纷的生活方式、文化、内心信仰等。博览业让人们有机会在愉快中博览其他国家、民族或社群的这些内容。通过相互的了解，增进理解，促进友好交流，让地球村更加和睦融洽。因为理解是建立在了解的基础上的。

（四）有利于城市文化的丰富繁荣

“文化是一座城市的灵魂与坐标，城市发展需要有文化战略和策略。”[②] 博览业有利于城市文化的丰富繁荣，助力打造健全的城市文化战略，形成门类齐全、内容丰富的文化发展格局。现在，一座大型城市如果没有植物园、动物园、博物馆，给人感觉是怪异、落伍的。而将来，这种特点会扩散至中型乃至小型

---

① 马惠娣．走向人文关怀的休闲经济［M］．北京：中国经济出版社，2004：34.

② 张子康，罗怡，李海若．文化造城：当代博物馆与文化创意产业及城市发展［M］．桂林：广西师范大学出版社，2011：78.

城市。还会出现如果大中城市没有配备一定足够数量、品种的博览项目也会给人感觉是怪异、落伍的。

当然，博览业也有利于农村文化的丰富繁荣，有些博览项目设在小城镇或乡村，不过博览业大部分都集中在城镇或市郊。

（五）传承、塑造民族精神、民族文化，提升软实力

展示并传播优秀的民族传统文化的博览项目有利于向下一代民众传承本民族优秀的民族精神、民族文化，而同时展示其他民族优秀的民族传统文化的博览项目有利于帮助国民塑造兼收并蓄、开放、包容、具有国际视野的民族精神、民族文化。

优秀民族精神、民族文化的传承、塑造，有利于该国、该民族提升软实力，具有文化方面的魅力。我国唐朝、现在的美国、法国等国就是这样的例子。

（六）获得合理的文化话语权

适度发展博览业，能让外人博览本国或本地的优秀文化、生活方式，从而获得合理的文化话语权，以及因此带来的文化上的自尊心和自信心。

（七）有利于世界文化与文明的繁荣、进步

“展示少数民族文化，是弘扬民族传统文化的重要手段之一。”① 因此博览项目尤其是民族博览项目能推动民族文化的传播。

笔者相信在世界各国、各民族或各社群不同的生活方式、文化、内心信仰等内容中，有很多真善美是值得相互借鉴的，有些先进性的事物是值得其他人们学习的，有些落后的事物会在交流中大浪淘沙般慢慢隐去。因此，博览业的发展能促进各国文化、生活模式之间的交汇，促进世界文化、文明的繁荣和进步。另外，博览业还能促进民众素质的提高，这也会有利于世界文明的进步，因此博览业有利于世界的文明进步。

---

① 李月英．论民族传统文化展示与民族博物馆［J］//中国民族博物馆．论民族博物馆建设．北京：民族出版社，2007：266.

【小思考】

如果你是某地、某国主管文化的官员或行政首长，你打算如何利用博览业来丰富文化产业，增强本地或本国软实力？

如果你是某地、某国主管教育的官员或行政首长，你打算如何利用博览业来丰富教育内容，增强学生综合素质？

如果你是一位家长，你打算如何利用博览业提升你子女的综合素质？当地有哪些博览项目供你发挥？如果没有博览项目，你打算如何创造条件解决？

第四节　忠告：可能会产生的消极意义

尽管笔者坚信博览业有诸多好处，是值得发展的，但是笔者并不希望您产生博览业是完美之物的误觉，所以特地安排这一节来介绍博览业的缺点。前面几节虽然偶尔也提到博览业的缺点，但主要还是从积极意义的角度来阐述的。当然，读者也不要因为知道这些消极意义而畏惧博览业、厌恶博览业，任何事物皆有消极的一面，不足为怪。

博览业的发展可能会产生以下的消极意义：

（一）不适当的博览需求被泛滥地满足

人的好奇心有时是非常有益于人的发展的，但是不适当的好奇心则会损害他的理性，从而导致非理性行为。非理性行为主要有以下几种表现形式：

1. 博览消极的事物

并非所有博览消极事物的例子都是一件坏事情，一个成熟的理性人短期博览消极的事物是有益其发展的，帮助其正确认识世界的真实面貌：阳光与黑暗并存，消极与积极同在。但是上述结论的前提很难满足，许多一般人在博览消极事物之后该博览往往对其产生了消极影响。例如参观过自杀方面的博览项目（尽管该博览项目是安全的，没有恶意的）后的参观者日后可能自杀的概率会大大增加。

这要求政府要加强对博览服务提供商的监管，确保博览项目的积极性，而对存在合理范围内负面影响的博览项目，其经营者要在各类广告中和博览现场安排必要的说明甚至心理辅导程序。

2. 花过多地时间去参观博览项目

像许多人沉迷于网络游戏一样，可能会有许多人花过多的时间去参观博览项目，并且寻找正当的借口比玩网络游戏更加容易。一个人要有所作为并不需要了解全部世界，也不需要了解很多对人生没有重要意义的普通新事物，尤其是那些娱乐型博览项目（如麻将博览馆、扑克博览馆、内衣博览馆等），笔者认为借口学习和增加经验而过多地享受博览服务是没有必要的。

当然，衡量一个人是否过多地享受博览服务必须根据具体情况来判断。例如，作家、记者、法官、立法者等职业从事人员可以适当比普通人多消费一些与工作密切相关的博览项目，文化类官员可以适当比普通人多消费一些文化类博览项目，这些博览有助于其职业水平的提高。

3. 博览违反公序良俗、道德或法律规定的事物

这里讨论的前提国家已经出台了有关法律法规，尤其是专门针对博览业发展的法律法规。注意，违法的博览项目未必违反道德，违反道德的博览项目未必违反法律；在一个国家属于违法或违反道德的博览项目在另一个国家则可能属于合法合理的博览项目，这和不同国家不同的法律制度和道德要求有关。此外，鉴于法律和道德是不断发展变化的，因此有的博览项目在不同时期在被判定为是否违法或违反道德的结果上也会有很大差别。

这也要求政府加强对博览业的立法治理和行政监管，发现违法的博览项目坚决取缔。

笔者认为，政府应禁止民众开发、经营以下类型的博览项目（当然，具体而言不同的国家有略有不同的国情）：

（1）违反国家法律、法规、规章规定的；

（2）宣传伪科技知识、封建迷信思想的；

（3）淫秽、色情或违反性道德的；

（4）渲染暴力的；

（5）煽动国别歧视、民族歧视、种族歧视、地域歧视、职业歧视、性别歧视等的；

（6）宣传奢华享受、毁人心志的；

（7）其他违反公序良俗的。

（二）消极的博览服务存在

这是从生产者的角度得出的结论。

1. 博览项目传播的是不健康的知识或信息

博览服务提供商可能通过提供不健康的博览服务来牟取暴利，例如展示色情的、暴力的、关于犯罪手段的、宣扬迷信的、宣传专制思想、愚弄民智的、属于伪造历史的等方面的知识与信息。

2. 博览项目传播的是普通的信息而鲜有知识

博览服务提供商可能利用人们的猎奇心理，提供一些哗众取宠的博览服务，这些博览项目虽然并没有违反法律或一般的道德，但是博览项目传播的是普通的信息而鲜有知识，例如专门展示一些生物怪胎。

还有一些博览项目本身可以提供丰富的知识，但是由于主办方的专业水平低下，导致在传播知识方面做得不够，人们参观后会感觉五彩缤纷、眼花缭乱却不知所云，获得的知识量相当少、相当杂乱而不成体系。事实上笔者认为现在的很多植物园、动物园、博物馆等博览项目在这一方面都做得较差，给观众的效果就是这样：花了大钱，却只是看了一大堆眼花缭乱的植物、动物或文物，肤浅、简单、学术味很浓的文字说明以及杂乱的陈列导致观众没有足够的收获，也没有动力去向亲友描述他的收获与喜悦，更谈不上去向亲友推荐该博览项目了。

不过生活中有不少的普通观众喜欢猎奇，喜欢这样的博览项目，喜欢看到一些稀奇古怪的东西而不在乎是否收获到了知识。然而，笔者认为并不能因此我们就赞成此种现象，就像吸毒者与卖毒者虽然是双方情愿的但始终都是我们要坚决去否定的一样（当然博览业的此类现象没那么严重）。

（三）增加政府监管难度

对博览业的监管也许和对娱乐场所的监管一样，非常艰难。越是小规模的商业机构越是难监管，因为其经营者往往缺乏远见，偏好进行短期投资而不顾道德和法律。当然，博览业连锁店的推广可能有利于监管难度的减轻。

（四）国家外汇储备减少

如果一个国家的博览业相对比较落后，可能会因此造成外汇储备减少。

（五）减少文化话语权

文化话语权是建立在经济基础上的，英语的流行就是这样的例子，没有“日不落帝国”曾经的辉煌，英语就不会如此流行。美国的文化现在之所以到处流传，也是因为这个原因。弱势国家正当的文化话语权的弱化已经引起了许多问题，包括美国文化模式的过度地传播①和弱势国家优秀的文化被漠视②等。博览业中有很大一部分是有关文化和生活方式方面的博览，而博览业的发展可能导致强势国家的文化话语权进一步膨胀；相反地，弱势国家的文化话语权的进一步弱化。

① 有学者认为这是一种文化上的入侵。

② 这里，笔者也呼吁强国的博览项目主办方要有国际视野、国际主义精神，不要忘记其他弱小国家、民族的优秀文化、具有价值的展品，在安排展品、展示时应予以考虑、照顾。

第五章　博览需求分析

第一节　博览需求研究的基本结论

因为笔者之一振中的拙著《体验业，改变未来》中第5章体验消费需求分析[①]有对体验需求的深入分析，笔者认为博览需求类似体验需求，基本上可以参照前述分析，因此本书不再对博览需求进行深入分析，感兴趣的可以参见前述分析。

为了方便读者，这里列出一些基本的结论：

（1）生命及生命所具有的意识的进化历史告诉我们生命的意识越来越强大、高级、复杂；

（2）博览需求是意识需要认识世界的表现；

（3）博览需求是意识试图增强控制世界或影响世界的能力之表现；

（4）博览需求也是心理压力释放的需要；

（5）博览需求也是恢复生活激情的需要；

（6）博览需求属于人的高级需求，具体位阶是属于个人发展需求，主要是希望自己的身体和意识发展得更好，以及身体、意识与生存环境三者之间达到更好的互动；

（7）影响博览需求的微观因素有消费者的经济实力、性格、心情、知识实

① 振中．体验业，改变未来［M］．北京：中国发展出版社，2013：95－128.

力、年龄、消费偏好，博览项目的价格水平、服务提供情况；

（8）影响博览需求的宏观因素有当地（国家或地区）的经济发展水平、贫富差距、政治经济法律等制度、政府对博览业的政策、态度和作为。

第二节 博览需求简要分析

由于博览需求与体验需求还是有一些细微的差别，因此特在此简要分析一下。

由于体验需要调动人的更多器官，更加的投入，而博览则相互缓和、轻松、宁静，因此导致体验需求和博览需求产生很多细微的差异，如表5-1所示。

表5-1

项目	体验需求	博览需求
需调动的人体器官	经常需要五官及手脚	一般只需眼睛、脚行走即可
动作协调能力要求	一般，个别体验项目要求高	较差，一般均不影响
消耗体力程度	较多	较少
受残疾的影响	较大，原理同上	较小，原理同上
安全性风险	风险更多	风险很小，基本无风险
消费能力的影响	体验项目一般收费更高，需要较强的消费能力才能激发体验需求	博览项目一般收费较低，不需要较强的消费能力
受性格的影响	需要性格较为外向、活泼、大胆；内向、胆小的人体验需求会被抑制，尤其是那种带有一定危险性的极限运动体验等体验项目	一般人均适合，有时性格外向、活泼的反而可能不喜欢，尤其是比较沉重的博览项目（如历史、纪念性质的博览馆）
受激素的影响	通过喝酒、吃辛辣食物、亲友鼓励等会刺激肾上腺激素、性激素、胆激素等激素的分泌，从而对体验需求产生影响，原理同性格的影响。	影响不大
受年龄的影响	较大，因为小孩与老年人的体力弱、动作协调能力差、荷尔蒙分泌少，性格更为安稳，经济收入也较少，因此会抑制其体验需求	较小，一般不受影响

从表5-1阐述可以得知，原《体验业，改变未来》中有关年龄与体验需求的表也有必要略微修正才适用于博览需求。以下是修正后的结论：

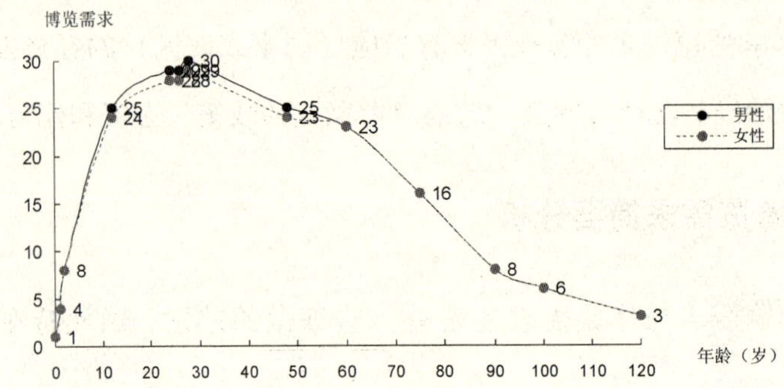

图 5－1　年龄对博览需求的影响图

假设：

（1）该消费者处于正常状态，没有发生诸如先天性痴呆，发育缓慢，严重残疾，重大疾病，信奉消极人生的教条等情况；

（2）该消费者所在地区经济处于中等发达水平；

（3）该消费者在 12 岁左右完成小学课程，掌握基本的语言与文字交流能力，受过大学教育，24 岁左右进入就业，男子 28 岁左右，女子 26 岁左右结婚成家。

说明：

（1）虽然婴儿在 0 岁时刚刚出生，但是此时他已经有了约 10 月的生命期，所以他也有一些微乎其微的博览需求。

（2）正常小孩子在 1 岁左右开始学习语言，在 2 岁左右开始能够自由行走，在 6 岁左右开始进入小学学习文字，在 24 岁左右因为就业开始拥有自由支配的收入，因此博览需求会较快上升。

（3）在消费者男子 28 岁左右，女子 26 岁左右，消费者的博览需求达到人生的顶峰，因为此时的消费者收入有了一定的积蓄，生活负担和压力也不是很大，内心充满激情与上进心。

（4）在此后阶段，消费者的博览需求会逐渐降低，原因与生活压力增大，生活激情减少，因为年迈而行动不便等有关。其中，生活压力增大开支日趋紧张是最重要的原因，尤其在经济发展水平尚不发达的地区。

（5）图5－1年龄对博览需求的影响虽然刻画得非常精确，但是请读者模糊地看待。毕竟这是在描述大部分人的情况，例外显然是很多的。这主要是供体验业的经营者分析时使用的。

第六章　博览业发展潜力预测分析：前景如此辉煌

笔者试图在本章中对博览业的发展潜力进行一个简单的预测分析，先介绍了预测分析的方法和基本的依据，再分别预测分析了中国和世界的博览业的发展潜力，主要是预测分析排名进入前10位的中国省级行政区和世界一些国家的博览发展潜力。

第一节　预测分析方法及依据

对博览业的发展潜力进行预测分析是非常困难的，主要是鉴于以下几点原因。首先，博览业受众多因素的影响，例如经济发展程度、人们的认可程度、国家或地区政策支持程度、交通工具的发展、国家或地区交往开放性程度、国家或地区的人口变化等，任何因素的细微变化都可能像“蝴蝶效应”一样导致结果和预测大相径庭；其次，博览业理论本身不完善，预测方法和依据也必然不完善，因此将会导致预测结果不准确；最后，预测时本身依据的数据的局限性，这些数据有可能是假的，或不完全是真实的，或必要的数据无法获得。

尽管如此，对博览业的发展潜力进行预测分析是具有一定的积极意义的。首先，国家或地区可以根据预测结果来决定是否需要发展博览业，因为并不是所有国家或地区都应该或能够发展博览业；其次，国家或地区通过预测结果来观察自身在博览业中处于何等地位，如何与周围进行互赢或良性博弈；再次，考虑到博览业的发展会对宏观经济、国民素质、文化地位等产生较大的影响，因此国家或地区通过预测结果来预测和观察与博览业发展密切相关的事物的变化，如某一地区有可能在发展博览业后将大大提高当地的生产总值；此外，企业以及其他博览服务提供商可以通过预测分析来决定或修改投资方案或投资步骤；最后，国家或地区通过预测分析能及时发现当地在博览业发展方面的瓶颈因素，及时加以改进和消除。

因此，笔者试图建立初步的预测理论体系，尽管可以预见它是简陋而粗糙的。

笔者认为，影响一个国家或地区的博览业的发展潜力的因素主要有博览需求总量、博览资源、创业环境、社会开放性。这四个因素影响博览业的发展潜力的程度是不一样的，按影响程度大小，以总分 100 分为准计算的话，则笔者认为大致可以这样划分：博览需求总量占 50 分，博览资源占 15 分，创业环境占 30 分，社会开放性占 5 分。

下面详细阐述这四种因素。

第一种因素：博览需求总量。

一个国家或地区的博览需求总量越大，则该国或该地区的博览业的发展潜力越大。而一个国家或地区的博览需求总量由当地博览需求总量和外来人口博览需求总量组成，因此博览需求总量和当地的常住人口和流动人口数量有关。

一个国家或地区的当地博览需求总量和当地经济发展水平、贫富差距等有关。外来人口博览需求总量则和该国家或地区的外来人口的数量、外来人口的贫富程度、外来人口的消费习惯等因素有关。外来人口又可以大致分为旅游人口、外来务工人口、探亲人口等。一般来说，旅游人口带来的博览需求比较大，外来务工人口则较小，而探亲人口居中。因此考察有些旅游城市（如新加坡首都新加坡市）或外来务工人口较多的城市（如中国广东省深圳市）时要注意这一点。考察旅游人口的博览需求总量时有时候又应该包括那些商务旅游和政务旅游人士（因政务或商务出差，顺便旅游的）。

第二种因素：博览资源总量。

一个国家或地区的博览资源总量越大，则该国或该地区的博览业的发展潜力越大。例如有些历史悠久的国家或地区具有丰富的历史类博览资源，有些生物多样性丰富的国家或地区具有丰富的生物类博览资源。

第三种因素：创业环境。

一个国家或地区的创业环境越好，则该国或该地区的博览服务提供商越能顺利发展，博览业的发展潜力越大。

创业环境主要由融资环境、政策制度环境、人才环境三大要素影响。

融资环境不仅要考虑该国的金融体系之运转情况（官方），还要考虑民间借贷融资的民俗与传统（民间），在很多国家和地区尤其是金融市场和信用制度不完善的国家和地区，很多的小额借贷是在民间完成的。

政策制度环境主要考虑该国或该地区的工商管理政策、税收政策以及对博览业的政策等。

人才环境则主要考虑该国或该地区的基础教育体系、社会培训（职业培训）体系、劳动制度、创新环境等。劳动制度中尤其是劳动者流转制度非常重要，如果该国或该地区的劳动者不能在合理的程度上顺利地自由流转，则意味着博览服务提供商很难顺利地挖掘到人才。

第四种因素：社会开放性。

社会开放性越大，则该国或该地区的博览业的发展潜力越大。

社会开放性主要是该国家或地区的整个社会（包括政府、普通民众、学者等）对新生事物的开放态度，对试验性事物的容忍程度，大部分人的宗教态度或人生观世界观态度等。例如，我国唐朝是被认为在我国历史上社会开放性较好的朝代之一，不仅与世界各国在政治、商贸、文化上广泛交往，引进和接受很多的国外的物种、乐器、风俗等，互派留学生，还任用了不少外国人才为唐朝高级官吏（这一点在很多国家至今仍是达不到的）。还比如美国是当今世界开放性较好的国家之一。

以上四大因素相互联系、相互影响，并不是相互孤立的。例如，创业环境本身也是反映社会开放性大小的重要指标；社会开放性变大，又会使该国或该地区的科技类博览资源增加。

此外，请读者注意，笔者的博览业发展潜力分析以5年为限。5年以后，各国或各地区的人口总量、国内生产总值总量、博览资源总量等因素将发生很大的变化，因此须重新评估各因素后方可预测分析。

从以上四大因素的分析可以得知，笔者分析的博览业发展潜力排名比较注重总量分析（如博览需求总量和博览资源总量，两者相加就已经达65分），而非平均量或质量。例如，中国之所以成为博览发展潜力最大的国家主要是因为我国的人口多，博览资源总量大，而在创业环境和社会开放性方面则得分并不高的。因此如果关注平均量或质量，则可以得出博览业竞争力排名。

笔者将在以后本书的再版修订中增加博览业竞争力排名、博览业对国内生产总值贡献排名、政府推动博览业发展的推动力质量排名等的相关理论章节。

第二节 中国博览业发展潜力预测分析

在本节中，笔者预测分析了中国大陆各省级行政区的博览业在未来10年内的发展潜力，主要是排名进入前十位的省级行政区的博览业发展潜力，并公布了有关预测分析数据（见表6-1）。

鉴于很难获取预测分析中必需的部分数据以及无法确定合理的可比性，因此暂未对我国香港、澳门和台湾进行预测分析。

在本节的预测分析中，笔者参考了以下数据和资料：

1. 中国大陆部分省级行政区的地区生产总值（2010年）[①]

第1位广东省46 013.06亿元，第2位江苏省41 425.48亿元，第3位山东省39 169.92亿元，第4位浙江省27 722.31亿元，第5位河南省23 092.36亿元，第6位河北省20 394.26亿元，第7位辽宁省18 457.27亿元，第8位四川省17 185.48亿元，第9位上海市17 165.98亿元，第10位湖南省16 037.96亿

① 中华人民共和国国家统计局．中国统计年鉴（2011）[M]．北京：中国统计出版社，2011：56.

元，第11位湖北省15 967.61亿元，第12位福建省14 737.12亿元，第13位北京市14 113.58亿元，第14位安徽省12 359.33亿元，第15位内蒙古自治区11 672.00亿元，此外，黑龙江省10 368.60亿元，陕西省10 123.48亿元，广西壮族自治区9 569.85亿元。

2. 中国大陆部分省级行政区的年末人口总数（2010年）①

广东10 441万人，山东9 588万人，河南9 405万人，四川8 045万人，江苏7 869万人，河北7 194万人，湖南6 570万人，安徽5 957万人，湖北5 728万人，浙江5 447万人，辽宁4 375万人，陕西3 735万人，福建3 693万人，重庆2 885万人，上海2 303万人，北京1 962万人，天津1 299万人。

3. 中国大陆部分省级行政区的居民消费水平（2010年）

4. 中国大陆部分省级行政区的国际旅游（外汇）收入（2010年）②

广东12 383百万美元，上海6 341百万美元，北京5 045百万美元，江苏4 783百万美元，浙江3 930百万美元，福建2 978百万美元，辽宁2 259百万美元，山东2 155百万美元，天津1 420百万美元，陕西1 016百万美元，湖南906百万美元，湖北751百万美元，安徽709百万美元，重庆703百万美元，河南499百万美元，四川354百万美元，河北351百万美元。

5. 中国大陆部分省级行政区的土地面积

6. 中国大陆部分省级行政区的地理情况

7. 中国少数民族的主要分布地区情况③

8. 城市竞争力情况

2011年：中国最具竞争力的前30名城市④依次是：香港、上海、北京、深

---

① 中华人民共和国国家统计局．中国统计年鉴（2011）［M］．北京：中国统计出版社，2011：104.

② 中华人民共和国国家统计局．中国统计年鉴（2011）［M］．北京：中国统计出版社，2011：719.

③ 中华人民共和国国家统计局．中国统计年鉴（2008）［M］．北京：中国统计出版社，2008：28.

国家民族事务委员会经济发展司，国家统计局国民经济综合统计司．中国民族统计年鉴［M］．北京：民族出版社，2008：317－320.

④ 中国城市竞争力研究会，香港浸会大学当代中国研究所．中国城市竞争力年鉴2011［M］．深圳：海天出版社，2011：54－55.

圳、广州、台北、苏州、天津、杭州、南京、澳门、重庆、青岛、东莞、大连、武汉、宁波、成都、沈阳、厦门、无锡、佛山、烟台、昆明、济南、郑州、西安、哈尔滨、福州、长沙。

2012 年中国最具竞争力的前 10 名城市[①]依次是：香港、台北、北京、上海、深圳、广州、天津、杭州、青岛、长沙。

9. 其他零星数据

综合以上数据，笔者分析得出中国大陆部分省级行政区博览业发展潜力预测排名，如表 6－1 所示。

表 6－1　　中国大陆部分省级行政区博览业发展潜力预测排名　　单位：分

项目	博览需求总量（50）			博览资源（15）	创业环境（30）				社会开放性（5）	潜力总分	排名
省级行政区域	本地博览需求总量	外来博览需求总量	单项总分	单项总分	融资环境	政策制度环境	人才环境	单项总分			
广东	24	10	34	9.6	4.1	14	4.2	22.3	3.5	69.4	1
江苏	21	9	30	9.8	4.1	14	4.2	22.3	3.5	65.6	2
山东	22.5	7.8	30.3	9.5	4	13.3	4.1	21.4	3.3	64.5	3
浙江	19.5	8.5	28	9.8	4.2	13.8	4.1	22.1	3.5	63.4	4
北京	17	11.2	28	8.8	4.1	13.5	4.2	21.8	3.5	62.3	5
上海	17	11	28	7.5	4.2	13.8	4.2	22.2	3.5	61.2	6
福建	18	8.3	26.3	9.3	4.1	13.3	4.1	21.5	3.4	60.5	7
河南	19.5	7.1	26.6	9.2	4	13	4	21	3.3	60.1	8
湖南	18.6	7.3	25.9	9.8	4	13	4	21	3.3	60	9
四川	19	7	26	9.7	4	12.9	3.9	20.8	3.2	59.7	10

第 11～17 位的分别是河北、辽宁、湖北、安徽、天津、重庆、陕西。

人口较多且经济不落后的省级行政区在本地博览需求总量方面得分往往较高，如河南省、四川省。沿海地区的省级行政区往往因为外来务工人员和国际旅游人口较多在外来博览需求总量方面得分较高，如北京市、广东省。云南省、

① 中国广播网报道，网址：http：//www.cnr.cn/gundong/201205/t20120521_ 509663837.shtml。

陕西省等省虽处内地，外来务工人员也不多，但是因为国际旅游人口较多，故在外来博览需求总量方面得分也较高。

各省级行政区在创业环境和社会开放性方面得分差别不大，基本还是体现了“沿海高，西部低，中部和东北居中”的规律。重庆得分例外，接近沿海地区，主要影响因素是重庆市的直辖市和统筹城乡综合配套改革试验区地位，中央赋予它在西部大开发中的引领地位，以及重庆最近几年展现出来的开放态度和招商活力。

两个直辖市天津市和重庆市主要因为面积小，人口少，地区生产总值小等而影响博览需求总量和博览资源的得分，故排名靠后，但是其博览业发展的竞争力非常强劲。

郑重声明：以上预测分析准确率并不高，仅供读者参考。

【小思考】

如果你是中国某地的主管文化、旅游方面的官员或行政首长，你希望如何充分挖掘当地博览业的发展潜力？

第三节　世界博览业发展潜力预测分析

在本节中，笔者预测分析了世界各国和地区的博览业在未来10年内的发展潜力，主要是排名进入前10位的国家或地区的博览业发展潜力，并公布了有关预测分析数据。

在本节的预测分析中，笔者主要参考了以下数据和资料：

1. 世界各国或地区以美元计算的国内生产总值（2009年）①

美国142 563亿美元，日本50 675亿美元，中国49 847亿美元，德国33 467亿美元，法国26 494亿美元，英国21 745亿美元，意大利21 128亿美元，巴西15 720亿美元，西班牙14 603亿美元，加拿大13 361亿美元，印度

① 中华人民共和国国家统计局．国际统计年鉴（2011）［M］. 北京：中国统计出版社，2011：30－33. 原书注明资料来源：世界银行数据库。

13 102 亿美元，俄罗斯联邦 12 307 亿美元，澳大利亚 9 248 亿美元，墨西哥 8 749亿美元，韩国 8 325 亿美元，土耳其 6 171 亿美元，印度尼西亚 5 403 亿美元，泰国 2 639 亿美元，埃及 1 883 亿美元，尼日利亚 1 690 亿美元，巴基斯坦 1 665 亿美元。

2. 世界各国或地区按购买力平价法计算的国内生产总值（2009 年）①

美国 142 563 亿国际元，中国 91 042 亿国际元，日本 41 385 亿国际元，印度37 836 亿国际元，德国 29 844 亿国际元，俄罗斯联邦 26 873 亿国际元，英国22 568 亿国际元，法国 21 721 亿国际元，巴西 20 201 亿国际元，意大利 19 216亿国际元，墨西哥 15 402 亿国际元，西班牙 14 957 亿国际元，韩国 13 244亿国际元，加拿大 12 803 亿国际元，土耳其 10 403 亿国际元，印度尼西亚 9 670 亿国际元，澳大利亚 8 582 亿国际元，伊朗 8 439 亿国际元，泰国 5 424 亿国际元，埃及 4 715 亿国际元，巴基斯坦 4 456 亿国际元，尼日利亚 3 327 亿国际元。

3. 世界各国或地区国内生产总值增长率（2009 年）②

中国 8.47%，印度 5.67%，尼日利亚 5.63%，埃及 4.67%，印度尼西亚 4.55%，巴基斯坦 1.97%，澳大利亚 1.32%，韩国 0.20%，巴西 -0.18%，法国 -2.19%，泰国 -2.28%，美国 -2.44%，加拿大 -2.64%，西班牙 -3.64%，土耳其 -4.74%，英国 -4.92%，德国 -4.97%，意大利 -5.04%，日本 -5.20%，墨西哥 -6.54%，俄罗斯联邦 -7.90%。

世界各国或地区国内生产总值增长率（2007 年）③（为考虑到世界金融危机的影响）

中国 11.9%，印度 9.3%，俄罗斯联邦 8.1%，埃及 7.1%，巴基斯坦

---

① 中华人民共和国国家统计局．国际统计年鉴（2011）[M]. 北京：中国统计出版社，2011：38. 原书注明资料来源：世界银行数据库。

② 中华人民共和国国家统计局．国际统计年鉴（2011）[M]. 北京：中国统计出版社，2011：39-42. 原书注明资料来源：国际货币基金组织数据库。

③ 中国国家统计局网站，网址：http：//www.stats.gov.cn/tjsj/qtsj/gjsj/2008/t20090609_402564085.htm。网页注明资料来源：国际货币基金组织数据库。

6.4%，印度尼西亚 6.3%，尼日利亚 5.9%，巴西 5.4%，韩国 5.0%，泰国 4.8%，土耳其 4.6%，澳大利亚 4.2%，西班牙 3.7%，墨西哥 3.2%，英国 3.0%，加拿大 2.7%，德国 2.5%，法国 2.2%，日本 2.1%，美国 2.0%，意大利1.5%。

4. 世界各国和地区年中人口总数（2009 年）①

中国 133 146.0 万人，印度 115 534.8 万人，美国 30 700.7 万人，印度尼西亚 22 996.5 万人，巴西 19 373.4 万人，巴基斯坦 16 970.8 万人，尼日利亚 15 472.9万人，俄罗斯联邦 14 185.0 万人，日本 12 756.0 万人，墨西哥 10 743.1万人，埃及 8 299.9 万人，德国 8 188.0 万人，土耳其 7 481.6 万人，泰国6 776.4万人，法国 6 261.7 万人，英国 6 183.8 万人，意大利 6 022.1 万人，韩国 4 874.7 万人，西班牙 4 595.8 万人，加拿大 3 374.0 万人，澳大利亚 2 187.5 万人。

5. 世界各国和地区的国际旅游收入（2008 年）②

美国 1 665 亿美元，西班牙 702 亿美元，法国 668 亿美元，德国 512 亿美元，意大利 488 亿美元，英国 453 亿美元，中国 441 亿美元，澳大利亚 285 亿美元，土耳其 250 亿美元，泰国 220 亿美元，加拿大 178 亿美元，俄罗斯联邦 159 亿美元，墨西哥 146 亿美元，日本 138 亿美元，韩国 128 亿美元，印度 125 亿美元，埃及 121 亿美元，印度尼西亚 82 亿美元，巴西 61 亿美元，巴基斯坦 9 亿美元，尼日利亚 6 亿美元。

6. 世界各国和地区的国土面积（2008 年）③

俄罗斯联邦 1 709.8 万平方千米，加拿大 998.5 万平方千米，美国 963.2 万平方千米，中国 959.8 万平方千米，巴西 851.5 万平方千米，澳大利亚 774.1

---

① 中华人民共和国国家统计局．国际统计年鉴（2011）［M］．北京：中国统计出版社，2011：107－110. 原书注明资料来源：世界银行数据库。

② 中华人民共和国国家统计局．国际统计年鉴（2011）［M］．北京：中国统计出版社，2011：355. 原书注明资料来源：世界银行数据库。

③ 中华人民共和国国家统计局．国际统计年鉴（2011）［M］．北京：中国统计出版社，2011：9. 原书注明资料来源：世界银行数据库。

万平方千米，印度328.7万平方千米，墨西哥196.4万平方千米，印度尼西亚190.5万平方千米，埃及100.1万平方千米，尼日利亚92.4万平方千米，巴基斯坦79.6万平方千米，土耳其78.4万平方千米，法国54.9万平方千米，泰国51.3万平方千米，西班牙50.5万平方千米，日本37.8万平方千米，德国35.7万平方千米，意大利30.1万平方千米，英国24.4万平方千米，韩国10.0万平方千米。

7. 世界各国和地区的企业经营环境排名（2010年）①

英国第4位，美国第5位，加拿大第7位，澳大利亚第10位，韩国第16位，日本第18位，泰国第19位，德国第22位，法国第26位，墨西哥第35位，西班牙第49位，土耳其第65位，中国第79位，意大利第80位，巴基斯坦第83位，埃及第94位，印度尼西亚第121位，俄罗斯联邦第123位，巴西第127位，印度第134位，尼日利亚第137位。

8. 世界各国和地区的经济自由度排名（2009年）②

澳大利亚第5位/7.98分，加拿大第6位/7.81分，英国第8位/7.71分，美国第10位/7.60分，德国第21位/7.45分，日本第22位/7.44分，韩国第30位/7.32分，法国第42位/7.16分，西班牙第54位/6.99分，泰国第65位/6.87分，意大利第70位/6.81分，墨西哥第75位/6.74分，土耳其第75位/6.74分，俄罗斯第81位/6.55分，印度尼西亚第84位/6.50分，中国第92位/6.43分，埃及第93位/6.42分，印度第94位/6.40分，巴西第102位/6.19分，尼日利亚第107位/6.12分，巴基斯坦第114位/6.03分。

9. 世界经济论坛2011年发布的《全球竞争力报告（2011—2012）》（Global

① 中华人民共和国国家统计局．国际统计年鉴（2011）［M］．北京：中国统计出版社，2011：158-165. 原书注明资料来源：世界银行《全球营商环境报告》。

② James Gwartney，Robert Lawson，Joshua Hall. Economic Freedom of the World：2011 Annual Report［EB/OL］. http：//www. freetheworld. com/2011/reports/world/EFW2011_ complete. pdf，2011.

Competitiveness Report 2011—2012)①

美国第5位/5.43分，德国第6位/5.41分，日本第9位/5.40分，英国第10位/5.39分，加拿大第12位/5.33分，法国第18位/5.14分，澳大利亚第20位/5.11分，韩国第24位/5.02分，中国第26位/4.90分，西班牙第36位/4.54分，泰国第39位/4.52分，意大利第43位/4.43分，印度尼西亚第46位/4.38分，巴西第53位/4. 32分，印度第56位/4.30分，墨西哥第58位/4.29分，土耳其第59位/4.28分，俄罗斯第66位/4.21分，埃及第94位/3.88分，巴基斯坦第118位/3.58分，尼日利亚第127位/3.45分。

10. 世界各国和地区的人均国民总收入（2009年）② 和世界各国和地区的人均国民总收入（2007年）③（为考虑到世界金融危机的影响）

11. 世界各国和地区的国际旅游人数（2008年）④

12. 其他零星数据

综合以上数据，笔者分析得出世界各国和地区博览业发展潜力预测排名，如表6－2所示。

表6－2　世界各国和地区博览业发展潜力预测排名　单位：分

项目	博览需求总量（50）			博览资源（15）	创业环境（30）				社会开放性（5）	总分	排名
国家	国内博览需求总量	外来博览需求总量	单项总分	单项总分	融资环境	政策制度环境	人才环境	单项总分			
中国	31.7	5.7	37.4	10.7	3	12.2	2.9	18.1	3.6	69.8	1
美国	24.8	6.5	31.3	8	5	14.8	4.9	24.7	4.4	68.4	2

① 世界经济论坛《全球竞争力报告（2011—2012）》(Global Competitiveness Report 2011—2012）第15页。电子版文件参见世界经济论坛官方网站，网址：http：//www3. weforum. org/docs/WEF_ GCR_ Report_ 2011－12. pdf。

② 中华人民共和国国家统计局．国际统计年鉴（2011）［M］．北京：中国统计出版社，2011：34－37. 原书注明资料来源：世界银行数据库。

③ 中华人民共和国国家统计局．国际统计年鉴（2009）［M］．北京：中国统计出版社，2009：30－33. 原书注明资料来源：世界银行数据库。

④ 中华人民共和国国家统计局．国际统计年鉴（2011）［M］．北京：中国统计出版社，2011：356. 原书注明资料来源：世界银行数据库。

表6－2（续）

项目	博览需求总量（50）			博览资源（15）	创业环境（30）				社会开放性（5）	总分	排名
国家	国内博览需求总量	外来博览需求总量	单项总分	单项总分	融资环境	政策制度环境	人才环境	单项总分			
英国	17.8	6.1	23.9	6.9	4.8	14	4.7	23.5	4.3	58.6	3
德国	19.5	6.2	25.7	6.7	3.7	12.5	4.5	20.7	4.2	57.3	4
日本	20	4.5	24.5	6.8	3.7	13.5	4.5	21.7	4.2	57.2	5
法国	17.9	6.3	24.2	6.8	3.7	12.3	4.5	20.5	4.2	55.7	6
印度	24.1	4	28.1	9.1	2.8	9.4	2.7	14.9	3.3	55.4	7
加拿大	16.5	4.5	21	6.8	3.7	14.3	4.5	22.5	4.2	54.5	8
澳大利亚	16.8	4.7	21.5	5.8	3.7	14.3	4.5	22.5	4.2	54	9
俄罗斯	21.5	4.1	25.6	8.9	2.8	9.4	4.1	16.3	3.3	54.1	10

第11位为意大利（总分53.2分），第12位为西班牙（总分51.5分），第13位为泰国（总分51.3分），第14位为韩国（总分50.3分），第15位为墨西哥（总分49.7分），第16位为巴西（总分49.5分），第17位为土耳其（总分47.4分），第18位为巴基斯坦（总分45.6分），第19位为印度尼西亚（总分44.3分），第20位为埃及（总分40.2分）。

中国的博览业发展潜力之所以能排名为第1位，主要原因是中国拥有众多的人口且经济发展水平不差（也考虑了人民币的价值是否被低估的问题），故光是国内博览需求总量就超出美国6.9分，居同类榜首，其他国家更是难以望中国项背，这也提醒投资者：中国庞大的博览业市场不容忽视。这里，笔者也根据中国父母几乎是世界上最热衷于在子女教育上花钱的，故因此原因特别调高了1.3分。其次归功于中国悠久的历史，中国文化类博览资源以6.2的得分高居同类榜首。其他各项得分基本上属于中上水平，终以同第2位美国1.4分的差距保住第1名的位置。但是中国在创业环境项目得分和美英等国差距很大，有待改进。因此在博览业发展初期，中国的博览业的发展竞争力可能会受此影响，发展势头不如美英等国家那么蓬勃。

美国的博览业发展潜力排名第2，美国在博览需求总量方面居第2位，仅次于中国，这得益于美国的人均国内生产总值很高，人口也不多不少。美国的博览资源总量居第3位，仅次于中国和印度。美国在文化类博览资源单项上分数不高，比英国、法国、德国、意大利等老牌欧洲发达国家都低，那是因为美国整个国家的发展历史较短。而该项评价主要注重存量，而较少注重开发量，所以美国在该项得分较低。实际上，美国在文化方面的资源虽然较少，但是在保存、开发历史、文化资源方面是做得很好的。而文化类博览资源较多的国家如果不能尽快开发出来，将会阻碍博览业的顺利发展，甚至将会被其他国家抢先开发。美国在创业环境和社会开放性两个项目上都是居于前列，优于英国、法国、德国、意大利等老牌欧洲发达国家。

英国、德国、法国三个老牌欧洲发达国家虽然人口不多，国土面积也不是很大，但是均进入前10名。他们在博览需求总量、博览资源总量、创业环境和社会开放性方面的得分均靠前列，得分相差也不远。其中，英国排名较靠前，为第3位，德国为第4位，法国为第6位。这些国家就像浓香的酒或浓郁的茶，醇香而有活力，是可以期待成为精致的博览之国的。

日本是亚洲另外一个具有较大的博览业发展潜力的国家，在总排名中居第5位。日本不仅人口众多，经济发达，而且历史悠久，文化浓郁，创业环境和社会开放性都很好。

印度则是进入排行榜前10名的另一个亚洲国家，居第7位。同中国类似，印度也主要是靠人口众多且经济发展水平不算差，同时历史悠久而获得较好的成绩。印度在文化类博览资源单项得分居第2位，仅次于中国。

加拿大和澳大利亚的博览业发展潜力分别排在第8位和第9位，这两个国家具有不少相同点，他们在创业环境和社会开放性方面都是同样的分数（包括创业环境中的单项得分），在博览需求总量和博览资源总量方面得分也非常接近。与英、法、德等老牌发达欧洲国家相比，这两个新兴的发达国家虽然地域广阔，但是加拿大存在广大的寒冷地区，澳大利亚存在广袤的沙漠，因此人口稀少，同时历史较短。这两个国家如同一杯清新的茶，淡雅而尚需积淀，是可以期待进一步发展的。

俄罗斯作为“金砖国家”之一，经济发展很快，它的得分超过了意大利，排在第10位。

笔者认为，世界博览业发展潜力最好的主要是以下国家和地区：

欧洲（20个）：英国、爱尔兰、冰岛、挪威、芬兰、瑞典、荷兰、丹麦、俄罗斯、法国、德国、瑞士、奥地利、比利时、卢森堡、葡萄牙、西班牙、意大利、希腊、马耳他。

亚洲（13个）：土耳其、中国、韩国、日本、巴基斯坦、印度、孟加拉国、泰国、印度尼西亚、马来西亚、新加坡、中国香港、中国台湾。

非洲（3个）：南非、尼日利亚、埃及。

大洋洲（2个）：澳大利亚、新西兰。

北美洲（3个）：加拿大、美国、墨西哥。

南美洲（3个）：巴西、智利、阿根廷。

郑重声明：以上预测分析准确率并不高，仅供读者参考。

【小思考】

如果你是世界某国主管文化、旅游方面的官员或行政首长，你希望如何充分挖掘该国博览业的发展潜力？

第七章　博览项目的经营：创新才有出路

第一节　做好日常工作

博览项目要做好日常工作，但是类似清洁、水电管理、员工管理的工作自然要师从专业的著作，本书亦不想具体涉及。

类似历史博览项目要做好文物的分类、存档和安保工作，植物园要做好植物种植、病毒防治工作，动物园要做好动物的饲养和疾病防治工作等这样的内容，现有的博物馆学、植物园运营、动物园运营的相关著作已经很专业地探讨了这些问题，因此本书亦不想具体涉及。

本书简略探讨以下几个方面的问题。

第一，根据不同展品的具体特点开展具体的展品收集、运输、养护、保藏、摆放等工作，以确保工作做好、做到位。例如，容易受潮的展品要注意防潮，容易着火的展品要注意防火，易碎的展品要防止损毁，容易伤人的展品则要注意防止伤人等。

第二，根据不同展品的具体特点设计不同的摆放场所及物业管理。例如，防潮的展品要注意设计通风的建筑，并定期在室内放干燥剂，确保空气湿度合理等，需要阳光的展品则要设置在户外或玻璃房中。

第三，展品昂贵的博览项目应设计完善的安保措施，并尽力招聘具有良好品行（忠诚、本分、勇敢、细致、有智谋）的安保人员，并确保他们的劳动福利，防止安保人员流动性太高。

第四，讲解员应尽量招聘那些认真、细心、有耐性、普通话标准的人员，已达到更好的工作效果。

第五，应借助《体验经济》中的理论，仔细研究观众参观过程中的日常需求，“使观众的一些一般性需要获得体贴的满足，从而使观众在馆内的参观活动不受阻碍”①，并且感觉很愉快，很惬意。必要时，设计者要自己亲自体验，以确保设计效果。比如配置、设计合理、足够的洗手间、休息的椅子、起点终点等待（集合）区、饮水设施、饮料出售、提供可口、价格实惠的餐饮场所（在游客一般会感到饥渴的地方设置，线路长的在中途及终点设置，线路短的在终点设置）、盲人专用道、无障碍通行、存包处、儿童玩乐区等。

第六，地点比较偏僻的博览项目，应考虑公众的交通便利问题，必要时安排免费巴士接送至交通便利处。

第二节　做好基础服务

做好基础服务的标准是将有意义的、系统的知识与信息圆满地传递给参观者。

为了实现这个目标要做好以下几个方面的工作：

一、准备好足够、恰当的展品

如果展品数量过少，则沦为普通的展览项目，而非博览项目，因此也就传递不了系统的知识或信息，只能提供一些知识或信息的碎片、片段。例如，很多植物园仅仅将植物本身作为展品，则显得展品不够，这样显得传播的知识或信息比较单薄。浙江安吉的竹子博物馆在这一方面做得比较好，不仅展示了各种竹子植物，还展示了各种有关竹子的化石、著作、工艺品、文物、老百姓的生活用品及最新研发材料。

---

① 李海燕．民俗（民族）博物馆与大众休闲［J］//中国民族博物馆．论民族博物馆建设．北京：民族出版社，2007：254.

所谓恰当的展品，是指能通过展品本身比较圆满传递有关知识或信息的展品，应该说这里说的“恰当”、“圆满”都要根据具体的情况来判断。举例说，正常情况下，植物园里有条件采用鲜活的植物来做展品的却为了图省事而用标本、塑胶仿制品来代替，这时该展品就不是恰当的展品，但是如有的植物开花时间很短，所以在该植物旁辅以花朵的标本或仿制品予以补充，则该标本算恰当的展品。

这里要辨析另外一个问题：博览项目需要竭力提供真实的展品，而不能提供仿制品、复制品或替代品吗？例如，我国台湾学者黄光男认为“非万不得已，博物馆提供的展品一定要真品，不宜以复制品充当，一方面它就是不真实，另一方面它使观众以为该馆所展示的作品是赝品，而渐失去对博物馆的信任”①。笔者认为，不可一概而论，有时没有那么严重。一般说来，如果复制品、仿制品或替代品不能提供一样或差不多的知识或信息传播效果（这也取决于复制、仿制、替代的水平），则要尽量避免。但是有些情况下，复制品、仿制品或替代品能提供一样或差不多的知识或信息传播效果，则也是可以的，甚至要主动采用。

举例说明如下：

某民族博览馆按 1∶10 的比例制作了某少数民族的独特民居的仿制品以说明他们优秀独特的建筑艺术，这是非常好的一种方法，通过仿制品丰富了展品与展览内容。

某家具博览馆内有民国时期的一个梳妆台因受到损坏而残缺不齐，博览项目主办方按文物原样式仿制了一件非常逼真的仿制品（通常这个在技术上并不难），参观者可以观看到该展品完整的样子，而且仿制品并没有丢失原展品所要传播的其他知识与信息。这种情况下仿制品反而比用粘贴拼凑支撑的方式整理出来的原件能更好地传播知识与信息。

某珍贵文物仅存于国家博览馆内，其他地方博览馆为了博览的需要，为了

① 黄光男．博物馆新视觉［M］．北京：文化艺术出版社，2011：255.

给当地参观者提供更为丰富的展览内容，使用该文物的仿制品展出，并且基本上起到了差不多的传播效果。这种情况下，参观者一般都会对此行为予以理解和支持。

现在很多博物项目经常在未尽全力的情况下用图片、展板和视频介绍来代替展品，则属于偷懒的表现。还有些所谓的图片展则更加意义甚微，人们完全可以在家看书或电视或网页，何必劳累大家大老远跑过来呢，还增加了碳排放量，造成交通堵塞。

另外，现在很多非历史博览馆仍然热衷于搜集历史文物、稀有宝物，这不免局限了展品的范围，蔽塞了自己的思路。

收集展品的途径除了现有的著作所揭示的外，笔者要特别说一下慈善捐赠。现在大家都在改进慈善事业，涌现出许多新的慈善活动，那么博览项目主办者要开拓思路，举办一些有创意和吸引力的展品捐赠活动，这样可以很好的获得一些珍贵的展品。

二、准备好合适（科学、简洁、形象易懂等）的说明

一般来说，提供合适的说明能使知识与信息的传播、增加、理解更为有效率。[①] 因此，我们应该重视说明的准备与后期的修改、完善。

合适的说明一般具有真实、科学、简洁、简练、充分、形象、通俗易懂、逻辑清晰等特点。

说明首先要真实、符合科学，切不可借展品、博览项目传播一些虚伪、迷信、蛊惑人心、控制民众的心智的不良信息，即便是政府、企业、宗教组织主导的博览项目也要如此。有些学者批评了这种做法，揭示了很多知名博物馆也都存在传播虚假知识或信息的行为，如美国的珍妮特·马斯汀就持这种观点[②]。

当然，科学性是相对的，随着人们科研的进步，一些原来以为是科学的知

---

① Fenichel M., Schweingruber H. A. Surrounded by Science: Learning Science in Informal Environments [M]. Washington DC: The National Academies Press, 2010: 40.

② 珍妮特·马斯汀．新博物馆理论与实践导论［M］．钱春霞，等，译．南京：凤凰出版传媒集团，江苏美术出版社，2008.

识、理论会推翻，这是例外。

说明还要既充分又简洁、简练。笔者看来当前很多植物园、动物园、博物馆的说明就非常的简陋，如植物园常常仅仅列出植物中文名称、拉丁学名、所属的科与属，这样观众根本学不到什么有用的东西。充分的程度自然是应保持在合理的水平，不能无限制的充分下去，否则参观者根本没有这么多的时间来参观，因此，充分的程度要考虑博览项目的定位或该知识点的重要程度等因素来设置。简洁简练则是语言能力的表现。博览项目应选用语文水平优秀的人来拟定说明，并选用优秀的翻译人才翻译说明。

说明还要形象、易懂、逻辑清晰。虽然展品已经非常形象，说明很少涉及形象的方面，但是仍然有些说明要采用打比方、举例子等方式，因此仍然要注意形象这个因素。另外，说明还要尽量地深入浅出、通俗易懂。当然，如果有些特别专业的博览项目本身定位就是对专业人士开放的，因此说明可以稍微专业一些。逻辑清晰意味着博览项目的举办方本身对博览项目要传播的知识与信息有一个专业的认识，如果举办者本身就是非专业的，则传播出来的知识或信息自然很有可能是逻辑混乱、自相矛盾的。最终的目的就是让说明通俗易懂，这样传播的效率才能达到最大化。

说明还应该字迹清楚、可见或语音清楚可以听见等。

比如说有的博览项目部分展品旁边的说明因为长期日晒雨淋可能字迹发白，有些说明印刷时没有印刷清楚，有重影、模糊等现象。有的说明已经残缺不堪，有的被其他物体遮挡、遮盖住了全部或部分。有的语音设备播放的语言说明含糊不清，有巨大杂音，或有一些讲解员的普通话严重不标准等。

除了专业性的博览项目外，绝大部分博览项目是面对普通大众的，因此说明还要注意不要太学术性，要注意多传播一些参观者喜闻乐见的、对老百姓的生活有积极参考价值的、实用的知识与信息。例如，植物园多介绍介绍某某植物在生活中有什么妙用（例如健脾、祛湿、降低血压、吸收甲醛），是不是优秀流行的家居植物，是否有毒及中毒后如何处理，是否和某某植物不能同时食用等。

三、使博览内容主次分明，方便参观者接收信息

我们知道，不是所有的参观者都能自己准确把握哪些博览内容属于主要的、精华部分，哪些属于次要、普通的部分；即使少部分参观者能准确把握，但是也需要耗费一定的时间来评判；另外，如果主办者不小心将一些主要、精华部分的展品摆放到了偏僻的角落，则很有可能连专业、精明的参观者也会遗漏。因此，主办者应该努力使博览内容主次分明，以方便参观者取舍。

使博览内容主次分明还有其他的好处，举例如下：

当参观者突然有事需要加速参观完该博览项目时，他可以选择观看完最主要、核心、精华的部分，尤其是当该博览项目需要购买门票的时候，人们总是需要取得一种心理平衡，要不然感觉太亏了（这种心理同样出现在下面的情况中，因此不再一一赘述）；

当参观者感到对该博览项目不感兴趣、厌倦时，他可能还是会坚持观看完最主要、核心、精华的部分；

当参观者参观过程中感到劳累时，方便他们选择观看完最主要、核心、精华的部分，尤其是一些老人、小孩、病人、残疾人士、孕妇、带有重行李者等；

当一队参观者中部分人出现前述 3 种情况时，方便他们顺利达成对博览项目来说比较有利的一致意见，即坚持观看完最主要、核心、精华的部分；

当参观者参观过程中接近结束时自以为接收得差不多，开始放松变得随便时，提醒他们不会遗漏最后那部分展览内容中的最主要、核心、精华的部分；

当参观者参观过程中接近结束时感到厌倦时（尤其是当该博览项目安排不合理，有很多重复性的内容及展品，或者整个博览项目内容平淡无法让人兴致勃勃），能在一定程度上鼓励他们坚持看完最后那部分展览内容中的最主要、核心、精华的部分。

那么，我们如何让展出的内容做到主次分明，观众一目了然呢？笔者给出以下建议：

第一，在售票口（或大门口）的参观指示图、门票[①]、参观指南书等物品上进行温馨提示，包括推荐一条优选的参观路线[②]，以便参观者一开始就掌握主办者有关展出内容主次方面的安排。

第二，要设计参观的主轴路线与辐射线，根据路线摆放展品，主要的、精华的展品放在主轴线两边，次要的、普通的展品放到主要的、精华的展品后面，或安排在主轴线的辐射线、引申线两旁，如图 7－1 所示。

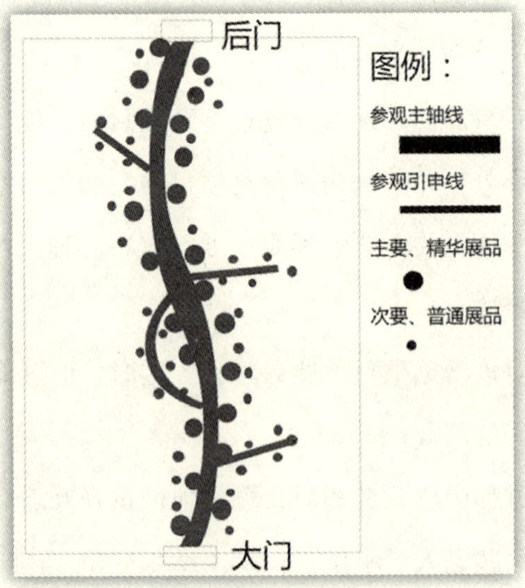

图 7－1

第三，属于主要的、精华的展品的，在展品的说明中特别标注类似“本展核心展品”、“本馆重要展品”的提示[③]。

第四，属于主要的、精华的展品的，在展品的旁边特别竖立一块醒目的、

① 宋向光编著的《当代中国博物馆理论与实践辨析》中有一篇文章《博物馆门票的功用与设计》专门探讨了门票问题，值得大家看看。宋向光．当代中国博物馆理论与实践辨析［M］．北京：科学出版社，2009：465－470.

② 伯纳德·希尔，埃姆林·科斯特．当代科学中心［M］．徐善衍，等，译．北京：中国科学技术出版社，2007：14.

③ 伯纳德·希尔，埃姆林·科斯特．当代科学中心［M］．徐善衍，等，译．北京：中国科学技术出版社，2007：14.

统一的提示牌，提示牌上标明“一些特殊的符号”① 或类似“本展核心展品”、“本馆重要展品”的文字提示。

第五，由售票员在售票时温馨提示参观者。

那么对于那些安排了讲解员、导游等工作人员的博览项目，一般来说，讲解员会自动地选择主要的、精华的展品重点讲解，对于次要的、普通的展品一般会提示参观者自行随便参观。所以对于这种情况，主办方主要是教导讲解员哪些是主要的、精华的展品，需要详细介绍即可。

四、恰当地借助其他传播方式

我们知道，任何一种信息传播方式都不是完美的，很多情况下都需要借助其他的传播方式来补充、协助。例如，一本书以文字为主，可能需要借助一些插图来帮助说明；一本画册可能需要配备一些简要的文字说明；老师讲课需要一些粉笔字板书；学者做讲座需要一些幻灯片文件。

同样的，每个博览项目通过展品传播知识和信息，也需要适当地借助其他传播方式以达到最佳的传播效果。

我们可以根据不同的知识或信息点，结合展品的自身特点，借助包括文字说明、图片说明、视频说明、语音说明、真人或装置演示说明、参观者亲自体验等各种传播方式。

一般来说，简单的知识（或信息）点依靠展品，再借助文字说明、图片说明、语音说明即可较好地完成传播；但是如果知识（或信息）点中存在复杂的理论、行为或过程需要说明的，一般需要借助形象一点的传播方式，如视频说明、真人或装置演示说明、参观者亲自体验等。

当然，博览项目要务正业，以展品“作为展示主体。这一条永远要坚持”②，不能让其他传播方式喧宾夺主。生活中有些博览项目主办方推出一些图

---

① 伯纳德·希尔，埃姆林·科斯特．当代科学中心［M］．徐善衍，等，译．北京：中国科学技术出版社，2007：15.

② 张志．博物馆陈列新思维［M］．天津：天津人民出版社，2011：61.

片展，笔者认为这就是不太恰当的。

五、尽量设置导览员与讲解服务

笔者认为，对于许多精英人士来说，只要你的博览项目的展品、说明等各项工作做到位了①，他们基本上是不需要导览员（讲解员）与讲解服务的，反而更愿意自由自在地参观浏览，而且他们能自己准确判断哪些展品属于重要展品需要详细浏览，哪些可以一笔带过，哪些是博览主办方在吹嘘或作假（比如历史博览项目或企业主办的博览项目可能存在吹嘘的成分），哪些内容或观点可能存在争议等。当然，当精英人士事情紧急、参观时间不充裕时，或精英人士本性喜欢有讲解服务的，那么也是需要导览员与讲解服务的。

但是，精英人士毕竟是少数，大部分参观者面对一个大的博览项目在缺乏导览员与讲解服务的情况下往往有时会显得有点茫然，重点表现在如下几个方面：

第一，无法顺利识别、选择最优的参观线路，常常不小心“误入歧途”，走了回头路、重复的路，错过了重要的展区，耽误了参观的时间（团体参观时将导致他不得缩短他后面的参观时间）；

第二，无法顺利识别哪些是重要的、主要的展品，哪些是次要的、无足轻重的展品，常常被那些不重要的但是外观奇特的展品所吸引，从而错过了重要的展览内容；

第三，无法顺利识别哪些是展览内容，哪些是博览项目提供的其他服务，常常真正的展览内容没看多少，反而是那些博览项目附带零售的小东西或纪念品、古装照相、特色小吃等服务却玩了不少；

第四，常常错过了在核心展品、重要留影点前留影的机会；

第五，发现与展品有关的重要的疑问无法得到解答；

---

① 当然这一点要做到并不容易，所以有的学者认为：“陈列展览内容受到陈列空间的限制，不可能将其深刻的内涵全部展示，而讲解则不太受空间的限制，可灵活地把握内容，可深可浅，可长可短。”王学敏．博物馆实用讲解艺术［M］．开封：河南大学出版社，2009：8.

第六，常常产生“博览疲劳”（其他学者称之为“博物馆疲劳”）现象，越到参观尾声，越容易大意而错过了尾声的重要展品；

第七，其他。

因此，笔者认为，博览项目应该尽量设置导览员与讲解服务，博览项目确实较小、展览内容较简单的除外。

而且，为了打造博览项目的品牌效应，导览员与讲解服务的费用最好包含在门票费用（如果有门票一项）内；只要参观者不拒绝，就应该统一配备。比如根据当天游客数量，确定在入口处等齐若干人（节假日可以多一点，平时少一点）则组成一队配备一名导游员或讲解员，然后开始参观。

为什么笔者认为此举有利于打造博览项目的品牌效应？因为如果大部分参观者没有获得良好的参观效果，他可能并不会去反思自己的不足（当然，这其实也确实是主办方应该做好的工作），而是直接得出诸如“没什么好玩的”、“没什么经典的展品”、“这个展览真烂”、“我没有学到什么东西”、“浪费了我几个小时”、“下次再也不来了”、“真差劲，叫我朋友不要来看了”的结论，并且极有可能传播这样的结论给他周围的人。

当然，主办方要控制好导览与讲解服务的成本，如果让消费者因此承担过高的费用，消费者还会因此否定这个博览项目。所以这里要做好平衡。如果讲解服务部分价格确实较高，则应让消费者自由选择是否需要讲解服务，不能强制消费。

另外，讲解员要注意善于引领、凝聚观众。比如有的地方适合照相留念的，讲解员要耐心等待一会儿，不可带着几个不照相的参观者继续前进，最后导致队伍越来越少，这样就会降低讲解工作的效果。

《博物馆实用讲解艺术》[①]、《博物馆工作研究》中的“博物馆的讲解员”

① 王学敏．博物馆实用讲解艺术［M］．开封：河南大学出版社，2009.

部分①等著作专门研究分析了博览馆项目的讲解工作，归纳出讲解工作的一些共性，“因人施讲”等基本原则等，值得大家一读。

当然，不同的博览项目的讲解工作有所不同，如植物博览园的讲解工作和动物博览园的讲解工作有诸多的差异，还值得我们继续总结与分享这些研究成果。

六、不要有说教的态度

传播知识与信息需要严肃、科学的精神，但是不要有说教的态度。说教本身就是一种反科学，将尚无定论的观点说成绝对的观点，而且说教往往会引发观众的逆反心理，导致知识或信息的传播效果大大降低。一般来说，官方举办的且受上级喜爱的博览项目往往会有说教的倾向。

作为博览项目负责方尤其要注意以下几个方面：

第一，说明中使用绝对的口吻时要非常慎重；

第二，要尽量在讲解主流观点时适当列举非主流观点（当然也不能太累赘）；

第三，知识或信息点在学术上存在争论时应告知观众（当然也不能太累赘）；

第四，鼓励观众继续思考新的答案；

第五，尽量不要聘用那些性格高傲、草率、武断，头脑简单的人作为讲解员或导游；

第六，一般的博览项目布置不要太严肃庄重，压抑人的思维活力，如不要过多使用冷色调、冷硬材质，层高不要太高，也不要过多的特意设计得高大的那些物品，不要太寂静（当然那些历史纪念等严肃性质的博览项目除外）。

七、做好个性化服务

由于博览项目是针对普通的参观者而设计，所以必然无法照顾所有参观者

---

① 具体在第六章博物馆的宣传教育工作第二节博物馆的讲解员。田静．博物馆工作研究［M］．西安：陕西人民出版社，2004：327－335.

的个性化需求。但是实际上，有少部分人具有个性化的需求，而且往往个性化需求大的人有可能成为社会的精英或是该博览项目内容所涉及的某一方面的专家。

这些个性化需求往往表现在以下方面：

第一，在没有统一配备导览与讲解的情况下，有导览、讲解或外语讲解的需求；

第二，有进一步了解的需求，如想拍照，或更近距离地观看，或想触摸，或想向工作人员进一步咨询有关历史背景、展品主人等详细情况；

第三，有建立联系的需求，如希望和主办方建立起常规联系，或建立合作关系等；

第四，有租赁、借、买某种展品的需求，如愿意出资借某展品一周以便详细研究；

第五，有捐献类似展品的需求；

第六，有短时间借住、游学、进一步研究的需求；

第七，其他需求。

那么，主办方应努力做好对于这些个性化的需求的处理方式方法，尤其是对工作人员进行培训，从而使他们面对参观者的个性化需求时，不会表现出如见外星人般的惊异表情，态度和蔼热情，服务专业周到。

在本节末，笔者建议博览项目的有关主办、策划人员应该努力学习传播学知识，努力掌握传播学的基本原理、原则，或聘请有关方面的专家提供顾问、培训、产品策划等服务，以便使基础服务做得扎实，提升工作效率，以打造一流的博览项目。现在很多经营植物园的往往是植物学专家、经营动物园的往往是动物学专家，经营历史博物馆的往往是历史学家等，很多对传播学没有接触、学习过，因此建议在这一方面加强学习。

如果这个基础服务没有做好，那么博览项目的本职工作就无法做好。参观者就可能会在参观时或参观后出现感觉看不明白，没有收获、没有乐趣、没有深刻的印象，感觉主办方不专业、不敬业、敷衍参观者等现象，因此也不会向周围的亲友推介，自己也不会再一次来消费，甚至会主动向周围亲友负面宣传该博览项目。有的参观者中途就会感到扫兴，甚至是愤然离去。

相反，如果基础服务做好了，参观者会纷至沓来，口碑相传，甚至有的参观者长大了还会带自己的小孩去参观；参观者爽快地掏了钱还会感谢主办者，因为让他们开拓了视野，学到了知识、信息，让他们增长了智慧。

第三节　发展多种经营

亲爱的读者，参观的人流就是商机，只要你设计出好的产品，消费者就愿意掏钱消费，回去了还到处说你的好。①

笔者鼓励博览业进行多种经营，以充分利用现有资源，增加博览项目的趣味性、丰富性、吸引力等，同时也为主办单位增加了收入，减轻了运营压力。例如，配套经营一些娱乐项目、体验项目、教育培训项目，和旅游产业合作等。

但是，发展各种经营应该遵守以下一些原则：

第一，不能喧宾夺主，荒废了博览业这个主业，反而把其他的作为主业，如果确实觉得其他产业作为主业更好，则应该及时转型。一些兼营的大型活动尽量安排到博览业务的淡季来进行。

第二，尽量发展周边产业，而不是发展另外与博览业风马牛不相及的产业。这样才能将资源充分利用起来，而不是生硬地将两个项目捆绑在一起。

第三，建立科学、合理、主办方与消费双赢的消费套餐与价格体系，让消费者有权选择具体消费哪些项目。

第四，不要过度的商业化，有些主办者可能会受尝到前期甜头的影响而引

① 四川省成都市的黄龙溪古镇不收门票费，但是里面有各式的小吃、副食品、珠宝金银艺术品、女士用的丝巾等饰品服装、古装体验、体验骑马、游船等众多的产品与服务，让消费者欣然掏钱消费。最让人佩服的是当地很多上了年纪的人卖的自制鲜花花环（用菊花、千日红等扎在一个环上）非常畅销，几乎每位女游客都买了一个戴在头上，有的还买一个给男友或丈夫戴上。这个案例值得我们深思（丽江等地的古镇也有此现象，但黄龙溪古镇表现得尤为突出）。

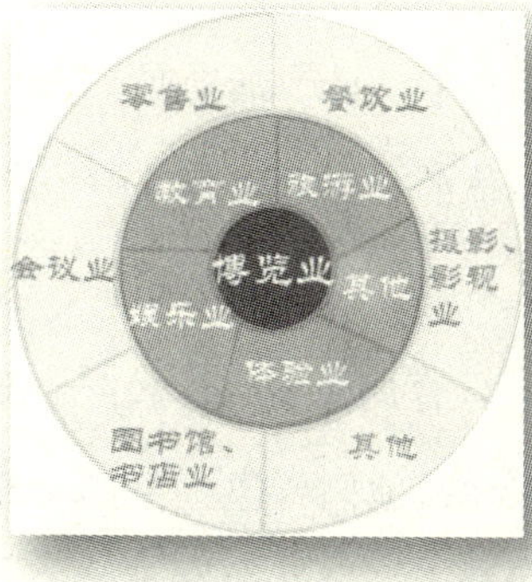

图 7－2　博览业的周边产业示意图

入过多的商业项目，使博览项目内过度的商业化，让消费者厌烦。甚至导致项目内交通拥挤、垃圾遍地、异味熏天、声音嘈杂、强买强卖、纠纷屡起等，这样则会适得其反，最终丢了自己的名声，砸了项目的招牌。

由于短期的博览项目具有特殊的特点，因此本章中有些内容、建议、方法并不适合那些短期的博览项目，请读者注意。

一、与教育业结合，增加教育科普性

博览业的核心就是传播知识与信息，因此它与教育业有天然的亲和力。因此博览项目可以和教育业结合，增加科普性、学习性。一些教育界学者也非常重视利用博览业资源作为教学资源，如梁萍在《博物馆背景下的体验教学初探》一文中提出："博物馆背景为学生提供了一个丰富多彩、本真实在和具有启发性的物质环境，学生在这样一种物质环境中生命活力被激发，全身心的体验他所感兴趣的事物，新的知识、从未有过的情感、生命的意义被他一一发现……体验教学是教学发展的必然……文化的多元化波及教育界，进而教育多元化；多元文化是博物馆的起点和归宿，如今博物馆的教育功能日显突出；博物馆背景下的教育教学应景而生……博物馆背景下的体验教学是与时代背景相适切的。”①

主办者在策划此类博览项目、功能、活动时，应充分注意教育业、教育局、学校、学生、老师、家长等主体的在课程内容、财力、智力、理解能力、心理、体力、安全防范等方面的有关特点，做到因地制宜、因才施术。

主办者还要注意倾听有关教育局负责人、校长、班主任、老师的意见、建议、需求或特别要求。一般来说，他们希望“借助参观展览帮助他们的学生记住他们学过的东西，帮助他们履行一个积极的过程，并带回一些他们在学校可资利用的思想”②。另外可能还有需要博物馆提供接送的服务，提供更为通俗易懂的讲解的服务，需要合影的地方，需要在展品旁展开即兴的讨论和教学，等。

主办者也可以邀请有主见的儿童参与策划，倾听、采纳他们的意见，瑞士流动展览馆在这一方面就做得很好。③

笔者建议主办者从以下六个方面发力：

第一，开发一些与教学结合紧密的博览项目或有关活动，如打造一个与中学生物课程紧密结合的生物博览项目，教科书中有关生物案例基本上可以在这个项目中找到或已建成的植物园结合某年级的生物学课程进度，举办一个有关的博览活动。

第二，与有关学校签署长期的合作协议，打造受广大学校、老师、学生欢迎的课外活动基地。例如，作为市几所重点中学的课外活动基地。

第三，开发专门针对学生的参观产品品种，采取特别的优惠门票价格、配备专门的讲解员、沿着专门的参观路线，并配备专车接送服务。由于这种产品价格优惠，那么可能只是选择一部分与学生关系最为密切的博览内容向他们

---

① 梁萍．博物馆背景下的体验教学初探——以湖南龙山县某小学土家文化体验教学为例［D］．西安：陕西师范大学，2011：15－38.

② 伯纳德·希尔，埃姆林·科斯特．当代科学中心［M］．徐善衍，等，译．北京：中国科学技术出版社，2007：194.

③ 更加详细的资料可以参看该馆员工 Lisa Lundström 的论文《让孩子们参与到儿童展览的策划中来——一次创意激发的试验》（卢思密，译）。郭俊英，王芳．博物馆：以教育为圆心的文化乐园［M］．广州：暨南大学出版社，2011：120－123.

开放。

第四，要注意学生体力弱（不能远距离行走）、容易受惊（尤其是参观动物时）、理解及接受能力不强等特点，并据此进行一些经营策略上的调整。例如，配备观光游览车，注意保护学生不受动物的惊吓，准备更为通俗易懂的讲解等。

第五，“重视对教师的思想教育，组织面向教师的培训和联谊活动”①，提高教师对博览项目作为教学资源的认知程度。

第六，与一些学校、培训机构合作，设立一些培训中心，承揽一些培训项目。例如，电影博览馆与电影学院合作，成为他们的一个培训中心，承担一些培训课程。

二、与娱乐业结合，增加娱乐性

博览业本身属于休闲产业，因此其学习活动不具有强制性，参观者没有学习成绩的压力，因此它可以和娱乐业相结合，增加项目的娱乐性，并可以创办出一些周边的娱乐项目。

主办者在策划此类功能、活动时，应充分注意参观者的心理、体力等方面的有关特点。比如说，参观者一般来说还是属于爱学习、重视知识、比较文雅的群体，另外可能父母带着小孩来参观的占很大的比例。再比如说，参观历史博览项目的参观者一般来说是重视历史，有历史厚重感、历史责任感、有历史观的群体。还比如说，参观动物园、植物园的人们由于消耗体力，因此往往参观到一半时会有需要歇息一会儿的需要，这个歇息点就是设置娱乐设施的好地点。

笔者建议主办者从以下两个方面发力：

第一，将有些博览项目的环节、部分设计得更加具有娱乐性。例如，深圳动物园里开发的鹦鹉表演节目，让参观者对鹦鹉的特征更加印象深刻，又获得

① 黄永兰．博物馆与中小学教育良性互动机制的建立——以重庆主城区部分中小学校和博物馆为例［D］．重庆：重庆师范大学，2012：9.

了娱乐享受；中国台湾顽皮世界野生动物园举办迷你猪剧场、大象剧场等各类动物表演剧场；某名人历史博物馆设计一个适合与参观者合影留念的该名人的蜡像，吸引参观者纷纷与之合影留念。

第二，结合博览项目的特点，设计一些独立的娱乐项目。例如，博览项目中设计一些滑梯等儿童游乐设施；植物园结合一些植物园环境优美的特点开发出一些歌厅、舞厅、特色餐饮等项目。

三、与体验业融合，增加互动性与形象性

美国波士顿儿童博物馆有这样一个形象的说法："我听了，但是我忘了；我看了，我记住了；我做了，于是我明白了。"①

博览业是依靠展品传播知识与信息，而体验业是依靠体验活动、体验行为传播知识与信息，因此有一些地方，如所涉知识与信息比较复杂，需要体验才能感受、获得的，可以和体验业结合，开发出一些体验项目。例如，陶瓷博览项目可以开发出陶瓷制作体验；雕刻艺术博览项目可以开发出体验雕刻的项目。

目前博览行业绝大部分博览项目体验性、互动性不强，因而导致其吸引力不强，给人的印象不够丰满。学者黄永兰也指出："青少年渴望更多的参与性和自主性，喜欢体验性操作，如果只是单纯的参观展览，他们很难保持对博物馆的热情。"②

笔者建议主办者从以下两个方面发力：

第一，挖掘博览项目中本身具有体验价值、参观者可能产生体验需求的点、环节开发体验项目。例如，动物园开发骑大象、马、鹿、鸵鸟的环节，天津纺织博物馆（中国天津滨海新区）开发体验古代织布机纺织的环节。

第二，结合博览项目的特点，开发一些独立的体验项目。

对于这一点，唐斌也认为："……从传统的启蒙式传授，象牙塔式管理，转

---

① 楼锡祜．略论博物馆教育的参与［N］．中国文物报，2002－5－27.

② 黄永兰．博物馆与中小学教育良性互动机制的建立——以重庆主城区部分中小学校和博物馆为例［D］．重庆：重庆师范大学，2012：12.

化成为大众可望亦可及……发挥参与性与主动学习的永久性开放的公益性的教育场所是值得我们关注和思考的。"① 行业内从业人员中国国家博物馆展览二部潘艺也有着深刻的体会，她在《谈谈对现代博物馆未来发展趋势的认识》一文中指出："对公共交流的关注成为当代博物馆的重要特征。重视参与性与互动性，观众将成为组成展示的一个重要部分。"②

一些博览项目已经做了这样的努力，如伦敦维多利亚与阿尔伯特博物馆举办"周五之夜"活动，主题是让人们体验编织或陶艺制作，并提供拓展社交圈机会③；深圳博物馆内提供拓印的体验项目，让小朋友体验拓印的乐趣；中国台湾顽皮世界野生动物园设置了火凤凰等极限运动体验项目，引进澳洲迷你马让小朋友们体验骑迷你马。

四、其他综合性

除了上述多种经营方式外，博览项目还可以结合自身的特点，在以下的几个领域有选择地合理拓展：

（一）零售业

博览项目内的零售业务必符合"博物馆成立的宗旨与风格"④，博览项目内主要适合销售以下的商品：

第一，与博览项目有关的制成品、农产品、特产等，比如植物园内有人参、天麻等植物，顺便出售一些自己种植的人参、天麻；印刷博览馆内出售上好的宣纸。

第二，与博览项目有关的纪念品等，比如明信片、邮票；名人历史博物馆内出售该名人的雕像纪念品；航空博物馆出售飞机模型；动物园出售鸵鸟蛋艺

---

① 唐斌．美术馆与知识生产——全球化背景下美术馆与知识生产及相关问题研究［D］．北京：中央美术学院，2010：47.

② 潘艺．谈谈对现代博物馆未来发展趋势的认识［EB/OL］．中国文化部党建在线网，http：//dangjian. ccnt. com. cn/xxyd. php？col = 17&file = 3027.

③ Caroline Lang《博物馆社区教育活动的设计》（陈力子，译）。郭俊英，王芳．博物馆：以教育为圆心的文化乐园［M］．广州：暨南大学出版社，2011：94.

④ 黄光男．博物馆企业［M］．北京：文化艺术出版社，2011：100.

术品等。

第三，与博览项目无关但符合博览项目氛围的其他商品，如字画、雕塑等艺术品、珠宝、金银首饰、丝巾等装饰品，以及人们参观过程中日常需要的饮料、纸巾等及其他商品。

（二）饮食业

主要是一些特色的小吃、零食、副食品、咖啡馆、茶馆、酒吧、烧烤吧、饭店等。同样的，也要注意与博览项目整体风格吻合。例如，知识型、专业博览项目不适合引进烧烤吧或各类低档小吃，以引进高档、精美饮食为主，但是娱乐型、大众博览项目则可以适当引进。

（三）摄影基地、影视基地

主要是与各种摄影机构（尤其是婚纱摄影、儿童摄影机构）、电视台合作，成为他们的摄影基地、影视基地。

（四）会议业

现在举办博览会往往同时举办相关的论坛，比如举办电子产品博览会同时举办电子产品方面的论坛。这是一种不错的商业模式，充分利用了有关的商业资源，丰富了参展商的行程，而且这些论坛本身也带有广告、宣传的积极意义，自然很多参展商积极参加。

那么除了博览会这种短期博览项目可以结合会议业举办各种论坛外，其他的博览项目也可以根据自身的特点，与会议业结合，发展综合经营。

（五）与图书馆结合经营

这是杨玲、潘守永主编的《当代西方博物馆发展态势研究》一书中的观点[①]，笔者认为，该观点具有一定的可行性，尤其是那些政府主办的博物馆可以和图书馆结合经营，以便形成一种聚集效应，也给民众享受服务时带来一定的方便，同时也可以在一定程度上实现资源共享，比如那些具有文献性质的古籍图书、古画、历史性出版物及其他资料。

---

① 杨玲，潘守永．当代西方博物馆发展态势研究［M］．北京：学苑出版社，2005：165.

（六）其他

其实这种活动非常多，比如和慈善机构合作举办一些慈善活动等，不胜枚举，这里就不再一一阐述。但是还是要强调一下，不要违反前面所提到的基本原则，不要荒废主业、尽量发展有关的产业等。

五、与旅游业结合，争取成为旅游景点

前文已经分析了博览业与旅游业的区别，因此博览项目并不必然是一个旅游景点。只有众多的外地游客慕名而来参观时，它才同时成为了一个旅游景点。

博览项目应该与旅游业结合，“加强与旅游部门的协作”，“积极参与……文化旅游线路建设”[①]，争取成为旅游景点，这样才能有效增加参观者人数。

我们知道，博览项目和体验项目由于均是传播知识与信息，因此它们具有一个相同的弱点，就是很多消费者可能消费一次后不会再次消费，尤其是当他们已经是成年人且消费一次后已经充分接收了该项目所传播的知识与信息时。

所以，博览项目如果能吸引外地游客来参观，则该博览项目的长期运营会没有客源方面的压力。

笔者建议主办者可以从以下几个方面着手落实：

第一，苦练内功，将自身打造为一个优秀的博览项目作品。

第二，注意博览项目内建筑的设计以及园林式景观的设计，尤其是植物、动物博览项目，一般场地较大，均有很好的优势条件。

第三，如果有可能，就打造成博览园的形式。

第四，设法将博览项目参观活动插入当地旅游局、旅行社设计的黄金旅游路线中。现在旅行社给旅游者推荐的旅游路线产品一般都是几个大的旅游景点搭配几个小的旅游项目。一般来说，大部分的博览项目只需花费 2 ~ 5 小时即可参观完毕，因此适合作为小的旅游项目插入进去。当然，个别经典的博览项目（尤其是那些国家级的、世界著名的）可以作为大的旅游项目插入进去。

笔者对苏州博物馆（中国江苏省苏州市，官方网址：http：//www. szmuse-

---

① 张艺军．博物馆文化产业发展研究——以湖北省博物馆为例［D］．武汉：武汉大学，2005：34.

um. com/）印象深刻，其建筑设计很有特色，园林式的精心布局让人心情愉悦，且成功地作为小的旅游项目嵌入了当地的旅游路线产品中。

本节结束时，笔者建议博览项目的主办者、高层管理者要努力学习教育学、娱乐、体验学、营销、餐饮、旅游学等方面的基础理论，或聘请有关方面的专家提供顾问、培训、产品策划等服务，以帮助自己提高驾驭博览项目管理的能力，提升工作效率，打造一流的博览项目。

另外，正如学者傅振伦所说的“人民大众是服务的主要对象”①，管理者要充分意识到人民群众是博览项目的主体消费者，因此不能太严肃、太高深、太脱离生活，因此要多一些娱乐、体验，多一些通俗易懂，多展示一些与民众日常生活有关的知识与信息，民众才能感兴趣。

【小思考】

如果你是某博览项目高层管理者，你觉得自己的博览项目可以发展哪些多种经营项目？应该如何搭配？

① 傅振伦．博物馆学概论［M］．上海：商务印书馆，1957：117.

第八章　不拘一格做博览项目的营销

一流的营销是一门艺术，有时不露痕迹，轻描淡写间见奇效；有时又是造势，夸张间击中人们最柔软的部分捕获人心。笔者从以下几个方面提供一些建议，仅供大家参考。

另外，绝大部分的营销行为不能脱离生产经营独立存在，我们不可能只讲营销不谈其他，因此本章还会重复、强调、引用前面策划、经营中的一些理论。

第一节　夯实基础

要做好营销工作，先得夯实有关的基础建设，否则后面的营销工作就会成为无水之源。即便短时间成功，也会最终衰败。

一、苦练内功，将自家院子建得精美

这个虽然并不是营销工作的内容，但笔者在此要强调一下，这却是营销工作的重要基础之一。一定要苦练内功，将博览项目搞得精美、专业，营销人员才能更加顺利的开展营销工作。

正如前文已经阐述的，具体方法就是负责经营的部门做好日常工作，做好基础服务，如准备好足够、恰当的展品，准备好合适（科学、简洁、形象易懂等）的说明，使博览内容主次分明，方便参观者接受，做好个性化服务等。

二、与教育业、旅游业等建立良好关系

博览项目主办方应该与教育业、旅游业等建立良好关系。

各类学校是博览项目的重要潜在客户群，不但数量巨大，往往是集体（团体）消费，而且他们往往成为博览项目在工作日消费者的主要来源。因此营销人员应该和教育局主管领导，学校的校长、班主任、历史老师、生物老师等建立起良性的关系，倾听他们在博览过程中的需求或特别要求，让他们充分意识到博览项目在课外教育中的重要意义，并让他们感受到博览主办方对于争取他们支持的诚意，争取挂牌成为一些学校的常设的课外活动基地。

和旅游业建立良好的关系，有助于博览项目成为当地的一个旅游景点，借助他们的渠道吸引当地的游客和外来游客，尤其是当地城市较大或当地属于一个旅游城市、旅游地时。主要是和旅游局主管领导、旅行社领导建立良好的关系。让他们充分意识到该博览项目成为旅游景点的可能性及重要意义，并让他们感受到博览主办方对于争取他们支持的诚意，并争取成为经旅游局评级的星级旅游景区。当然，如果当地没有旅行社、旅游局的，这个工作就可以不做。

三、和媒体保持良好的关系

博览项目的经营者应和媒体保持良好的关系，以确保所有的新闻事件能及时获得播报，一般来说，新闻事件比广告具有更好的宣传效能。这个属于常规的营销内容，这里就不展开阐述。蔡琴在《博物馆学新视域》一书的第七章博物馆公共计划的第三节博物馆与媒体①中专门进行了系统的分析阐述，值得大家一读。

第二节　做有创意的营销

一、如有条件的要经常性地推出新展品

很多的博览项目适合不断推出新展品，因此有条件的一定要经常性地推出新展品，这既要作为一种经营策略，也要作为一种营销手段。例如，植物园要不断引进新的植物品种，动物园要不断引进新的动物品种，历史博览项目也要不断引进一些新文物等。

---

① 蔡琴．博物馆学新视域［M］．杭州：浙江人民出版社，2003：232－241.

推出新展品会产生多方面的积极意义：

第一，丰富自己的展品与展览内容；

第二，形成良性的新闻事件，产生新闻效应，扩大影响；

第三，争取回头客（如果从不更新，则可能很多消费者看过一次就不愿意再来了）。

何时最适合推出新展品？如果可能的话，笔者推荐在长假期来临前几天推出，因为这样宣传效果最佳。例如，深圳动物园在2013年5月1日的劳动节长假来临前期推出了新动物泰国金属蓝蜘蛛、马达加斯加发声蟑螂、墨西哥黑王蛇、非洲牛蛙、黄金蟒、绿树蟒等，不少新闻媒体进行了报道[①]，宣传效果非常好。

当然，如果距离下一个长假期还有很久的话，可能不值得等待，应及时推出，不过还是可以选择在某个周末前几天推出。

假如是连锁经营的植物园、动物园、博览馆等博览项目，一般各个分支单位的规模大小可能不一样，存在类似旗舰店的情况，如设在省会城市的分支单位要比设在地级市的规模大、展品多。在这种情况下，则可以从规模较大的分支单位运输一些展品去那些规模较小的分支单位，实现定期推陈出新。

二、经常策划举办一些有创意、互动性强的活动

博览项目单位作为“社区发展者”[②]，是当地社区的一员，笔者认为绝大部分博览项目都应该经常策划一些优秀的、互动性强的活动，如植物博览园在百合花开花季节在百合园举办征婚交友相亲活动，在熏衣草开花季节举办摄影比赛，动物园为熊猫宝宝征名等。

经常策划举办一些有创意、互动性强的活动能产生多方面的积极意义：

---

① 参见南方日报2013年4月24日A03深圳观察版，电子版网址：http：//epaper. nfdaily. cn/html/2013－04/24/content_ 7184710. htm；深圳新闻网：http：//www. sznews. com/news/content/2013－04/24/content_ 7982033. htm；凤凰网：http：//news. ifeng. com/gundong/detail_ 2013_ 04/24/24584779_ 0. shtml。

② 克里斯托弗·埃金顿，苏珊·郝德森，罗德尼·戴森，苏珊·埃金顿．休闲项目策划：以服务为中心的利益方法［M］．李昕，等，译．重庆：重庆大学出版社，2010：113－114.

第一，造福当地的社区民众，为民众带来欢乐，主动承担社会责任，成为社会型单位；

第二，拉近与社区民众的距离，在民众心中形成优秀品牌影响力；

第三，可以形成良性的新闻事件，产生新闻效应，扩大影响；

第四，同时也推销自己的有关展览内容、展览模块；

第五，部分活动也可以适当收取费用，从而为经营者增加收益。

例如，现在很多植物博览园（如日本名古屋的东山植物园、中国科学院西双版纳热带植物园、上海辰山植物园等）每年举办一次小朋友坐“王莲”的活动，效果非常好。

这样的活动还有很多，比如植物博览园可以在秋天策划菊花展、菊花节，集中展出名贵菊花，吸引人气；或者植物博览园可以和电视台联合举办相亲活动，免费或适当收费地提供优美的场所及设施，还可以为武警官兵等举办专场公益性质的相亲活动提供免费的玫瑰花等物品；动物博览园可以在母鹿、母马分娩时搞一个分娩过程的参观环节，给小朋友传播更多的动物学知识；医药博物馆或药用植物博览园可以结合有关展品及背景知识，举办有奖的养生或医药知识竞答赛；服装博物馆可以举办服装设计比赛；等等。

笔者建议经营者从以下几个方面入手，策划举办互动活动：

第一，“引入以亲子为中心的设计”①，举办丰富的亲子活动、家庭活动；

第二，策划举办一些适合年轻人的活动；

第三，策划举办一些特别针对恋人、情侣、夫妇的活动；

第四，策划举办一些特别针对小学生、中学生的活动；

第五，策划举办一些慈善活动、公益性质的活动；

第六，策划举办一些文化艺术性质的活动；

第七，其他优秀、有创意的、互动性强的活动。

正如前文所述，博览项目可以适当发展多种经营，尤其是在博览业务的淡

---

① 黄光男．博物馆企业［M］．北京：文化艺术出版社，2011：118－119.

季，这需要营销部门的奇思妙想，并具备良好的社会关系。并且，营销部门与经营部门的内部沟通、协调也很重要。

三、充分利用互联网、手机网络等营销渠道

主办者要充分利用互联网、手机网络等营销渠道来进行现代营销，包括运用网站、博客、微博、轻博客、微信、MSN、QQ 等营销渠道。这些渠道各有各的特点，各有优劣，要善于运用、组合搭配。

营销方式和渠道固然重要，但是笔者认为关键还是利用好，不要浪费了这些资源。有些单位虽然设立的网站等营销方式和渠道一应俱全，但是其网站、微博等或空洞无物，或垃圾信息成堆有用的信息却遍寻不见，或许多未曾更新，这自然是暴殄天物。

营销方式和渠道主要有以下用途：

第一，利用互联网、手机网络等营销渠道及时发布有关展品变化等消息，各个博览项目如引进了新的重要展品、专题展览也要及时发布。例如，植物园要及时发布最近的花讯、果讯，动物园要及时告知游客最近有哪些动物发生了新变化（出生、死亡、患病等）。

第二，利用互联网、手机网络等营销渠道及时发布有关活动等消息，比如与电视台合作举办相亲活动的有关消息。例如，中国西双版纳热带植物园在 2012 年 7 月 26 日通过其腾讯微博发布了关于推出“我的‘王莲’我的‘船’”科普活动，让小朋友有机会坐王莲的消息。①

第三，利用互联网、手机网络等营销渠道提供开放时间、票价、交通指南、公交信息等实用信息。

第四，利用互联网、手机网络等营销渠道举办抽奖、摄影作品比赛、征文等活动。

第五，通过互联网、手机网络等营销渠道供参观者下载电子优惠券。

---

① 中国西双版纳热带植物园腾讯微博网址：http：//t. qq. com/xsbnzwy。鉴于微博的特性，笔者无法提供更为详细的网址，但可以通过搜索找到这段微博内容。

第六，其他。

我们注意到，欧美国家、我国港澳台地区的博览项目单位在这一方面大多做得比较好，我国大陆地区许多官办的博览单位很多则做得不够好，西双版纳热带植物园、武汉植物园、故宫博物院等做得比较好。

四、运用市场细分，争取目标观众

正如营销大师科特勒在《博物馆战略与市场营销》一书中指出的："每个组织都很快意识到，他们并不能赢得或吸引市场中的所有消费者……每一个组织都将努力识别最合适的观众群，并采取具体措施赢得这些观众，为之服务，而不是试图去争取每一个人。"① 因为每个组织的精力时间总是有限的，因此每个组织应善于利用有限的精力与时间抓住重点，每一个博览项目应准确定位自己，并据此进行市场细分，确定目标观众范围，并针对目标观众确定更为具有吸引力的营销策略。

当然，也要确保非目标观众来到后能享受到合格的服务，而不是忽略、怠慢他们。

针对目标观众，可以推出以下营销策略及具体措施以争取他们：

第一，与目标客户有关的资源控制者建立更为密切的业务联系，获得他们的重视与支持，做好老客户维护和新客户拓展工作。例如，电影博览馆要与电影学院、电影协会、电视台电影频道、电影期刊、电影网站等有关单位的领导或其他资源控制者建立更为密切的业务联系，获得他们的重视与支持。因为他们能带来更为可观的潜在参观者，扩大影响力。

第二，特别的广告策略。例如，有些博览项目属于专业博览项目，目标参观者是那些专业人员，因此需制定更为精准的广告策略，所以应该到该专业领域的专门杂志、网站投放广告，而不是到通俗类、大众化媒体花巨费投送广告。

第三，特别的价格优惠方案、团体套餐。例如，医药博物馆可以针对医药

① 尼尔·科特勒，菲利普·科特勒．博物馆战略与市场营销［M］．潘守勇，等，译．北京：北京燕山出版社，2006：126.

方面的学生，只要出示有关学生证即可以享受特别优惠或针对医药方面的学生团体推出特别的团体套餐等。

第三，特别的服务。例如，服装博物馆针对服装方面的参观团可以提供更为专业、深入的讲解服务，并提供讨论室或小教室供有关学校参观团现场教学，或直接提供免费的大巴接送等。

第四，给予目标客户的反馈意见更多的重视。当然，所有参观者的宝贵意见都值得重视，应积极采纳。但是判断某参观者的意见是否属于宝贵意见需要一个评价过程，有时候还很复杂。因此，笔者建议给予目标客户的反馈意见更多的重视、更快的响应机制、更快的评价；同时，建立更顺畅地向上级逐级反映的管道，以便更快地发现目标客户的宝贵意见。

经营者也可以考虑抽调精干员工，在单位营销部门设立专门的“目标客户部”，以开展有效的工作。

五、大众博览项目要争取连锁经营，发挥规模效应

大众博览项目满足人们对一般的生物、医药、地理、地质、艺术、历史（并非某地区史）知识的需求，因此它是可以连锁经营的，一般来说植物博览园（含药用植物博览园）、动物博览园、水族动物博览馆、医药博览馆、艺术知识普及类的艺术博览馆等博览项目均可以进行连锁经营。

目前博览项目很少有连锁经营的，古根汉姆博物馆和中国的世界之窗项目是连锁经营的。[①]

连锁经营具有以下几个方面的优势：

第一，有利于发挥规模效应，减少成本，提高效益。例如，博览项目经营方采用同一套的视觉识别（VI）系统、网站、建筑设计方案、内部装修方案等

---

① 从严格意义上讲，两者不是连锁经营的，是独立经营的。但是根据其官方网站的介绍，深圳世界之窗运营商为深圳世界之窗有限公司，股东为深圳华侨城集团与香港中旅集团；长沙世界之窗运营商为长沙世界之窗有限公司，股东为深圳华侨城控股股份有限公司、湖南电广传媒股份有限公司和香港中旅集团。根据上述资料显示的关系，以及注意到两者的内容和服务有很大的一致性，笔者认为，这两个世界之窗项目可以在宽松的概念下视为是连锁经营的。

资源，统一利用媒体资源、损耗品采购等。

第二，有利于展品的筹集、流动，产生更好的传播效果，打造更好、更专业的博览项目。连锁经营的博览单位具有更大的品牌影响力，展品有望能得到更好更广的传播，出价可能更高，因此更可能从有关展品的所有者那里筹集、征集、购买、租借到展品。展品在连锁经营的分支机构更顺利、更频繁的流动，有利于扩大展品的传播力、影响力，从而形成更好的传播效果。也使得博览单位能为公众提供更丰富多彩的内容，比那些势单力薄的博览项目更为出色、专业。

第三，有利于形成更好的质量管理体系，塑造品牌效应。连锁经营的博览单位一般来说能形成更为严格、科学的质量管理体系，塑造品牌效应。这些会体现在诸多细节方面，如工作人员的热情服务，细致周到人性化的服务措施、设施（设计人性化的休息椅、洗手间、无障碍通行），严密的消防、安全设计，科学严谨的藏品管理等。

第四，培养更加专业的博览业人才并内部流动。连锁经营的博览单位庞大的业务体系、完善的职业教育、内部培训体系有利于提供更广的业务发展平台，培养更加专业的博览业人才，并促进其内部流动、调剂。而人才的满足又会促进博览经营单位的进步。

第五，打造大型企业乃至跨国企业。笔者最大的愿望是看到众多优秀的大型博览企业如雨后春笋般涌现，甚至成为跨国企业。只要不成为垄断企业，这于世界、于人类、于企业自身都是一件好事。

目前博览业中连锁经营的项目非常少，投资主体不同但展示内容类似的博览项目有不少，例如深圳、长沙的世界之窗与北京的世界公园（北京丰台区，官方网址：http：//www. beijingworldpark. com. cn/），韩国的竹子博物馆（韩国潭阳郡，官方网址：http：//www. damyang. go. kr/museum/）、中国浙江省安吉县的中国竹子博物馆、中国湖北省咸宁市的咸宁竹子博览馆、中国江西省宜丰县的宜丰竹文化园（竹博园），另外各地内容类似的植物园、动物园、美术馆、博览会就更加不用说了。这个现象再一次证明博览业有许多项目适合发展连锁经营。

大家从这里可以看出，笔者的观点与那些坚持博览项目全部应该是公益性质的观点差别有多大了。

【小知识】

古根海姆博物馆

古根海姆博物馆是世界上著名的私立现代艺术博物馆，是所罗门·R. 古根海姆基金会旗下所有博物馆的总称，该基金会创办于1937年，是博物馆的后起之秀，发展到今天，古根海姆博物馆已是世界首屈一指的跨国文化投资集团。古根海姆博物馆以连锁方式经营，是一个博物馆群，总部设在美国纽约，在美国纽约、西班牙毕尔巴鄂、意大利威尼斯和德国柏林拥有4处分馆，另外阿布扎比古根海姆博物馆（位于阿拉伯联合酋长国）、立陶宛古根海姆博物馆等仍在建设中。其中，最著名的为美国纽约古根海姆博物馆和西班牙毕尔巴鄂古根海姆博物馆。古根海姆博物馆以非常灵活的方式与各国政府、社会各界开展合作，并成功地以多种方式筹集到充足的经费，成为业界的楷模。（资料来源：古根海姆博物馆官方网址 http：//www. guggenheim. org/。）

第九章　政府、国际组织与博览业

本章将讲述政府、国际组织与博览业的关系，包括政府、国际组织对博览业应该持有的态度和采取的具体行为。作为法治时代的反映，本章安排了对法律与博览业的关系的分析，并就博览业的制度建设等问题提出了个人的意见。囿于篇幅，还有更多的内容未详细展开，感兴趣读者可以向笔者咨询。

第一节　政府与博览业

一、目前的管理现状：群雄割据

由于前文所述的博览业概念的混乱，导致人们认识的混乱，从而也导致目前政府对博览业的管理也是令笔者忧心忡忡的。部分学者、业内人士也意识到这样的问题。例如，有学者认为："中国的博物馆与美术馆的管理系统混乱也是导致中国的博物馆与美术馆无法在文化产业与城市文化形象塑造中发挥积极作用的原因。大部分国立的博物馆、美术馆属于两个不同的管理体制系统，大家都是站在各自管理系统的角度来考虑问题。"①

（一）中国

目前在中国，博览业由多个政府部门分别管理。

其中，博物馆由文化部下属的国家文物局管理，有关规章制度也由其拟制、

① 张子康，罗怡，李海若．文化造城：当代博物馆与文化创意产业及城市发展［M］．桂林：广西师范大学出版社，2011：143.

执行。这显然是偏重历史博览项目思路的表现，也导致有关的管理往往带有浓重的文物、考古学方面的学术色彩，而在传播学、知识经济、创意产业、文化产业、产业经济方面的色彩略显不足，概括而言就是“（历）史（考）古有余，经（济）文（化）不足”。尤其是当其管理类似竹子博物馆、服装博物馆、中国地质博物馆这样的非历史博览项目时，就显得有些力不从心了，也很难提供高水平的行政指导、专业指导。

更为尴尬的一个方面就是，即使国际博物馆协会、中国各级博物馆协会认为植物园、动物园、美术馆属于博物馆，但是其定义又过于牵强，始终无法真正统帅植物园、动物园、美术馆，所以该自相矛盾的定义并未取得社会的认可，因而在政府管理方面，我国的文物局并不管理植物园、动物园、美术馆。

我国的动物园归住房和城乡建设部（原为建设部）管理，具体一般归园林局管理，有关法律规定也由其拟制、执行。例如，2010 年住房和城乡建设部发布的《中华人民共和国住房和城乡建设部关于进一步加强动物园管理的意见》。

我国的植物园归国家林业局、住房和城乡建设部、中国科学院多头管理，有关法律规定也由其拟制、执行，如 2012 年发布的《国家林业局、住房和城乡建设部、中国科学院关于加强植物园植物物种资源迁地保护工作的指导意见》。

我国的美术馆、艺术馆一般由文化部管理，有关规章制度也由其拟制、执行，如 1986 年文化部发布的《美术馆工作暂行条例》。

另外，旅游政府部门往往将上述机构的门票收入、参观者数量等有关数据统计进有关的旅游统计中，上述机构也往往主动或非主动地与旅游管理当局产生行政关系。

而博览会的管理则更为复杂。中国绝大部分博览会是政府主办的，有的是国务院商务部、文化部、科技部、国家旅游局等部委主办的，有的是地方各级政府主办的，有的是地方政府下属的文化厅、科技厅、文化局、科技局等部门主办的，还有少量的、小型的博览会是具有官方背景的行业组织、学会等组织举办的，更多的情况是多级别政府、多部门单位、多类型的组织单位共同主办的，如商务部和四川省人民政府共同主办第九届中国食品博览会。这时候往往是以协调的方式（召开协调会议）存在的，不存在严格的行政管理。

也有部分集中的领域由对应的行政管理部门管理，这时存在正式意义上的行政管理。例如，商务部负责审批境内举办对外经济技术展览会以及出国举办的经贸博览会①，支持一些国内重要的商贸有关的博览会②；文化部管理引进的外国艺术博览会③。

部分地方政府出台了关于博览会（业）的地方政府规章等法律性文件，其中部分地方如上海市、长春市规定博览会（业）由商务行政部门（即商务厅或商务局等）主管，但往往规定其他单位会同管理。例如《上海市展览业管理办法》（2010 修正）第五条规定："上海市商务委员会（以下简称市商务委）负责对本市展览业的规范与发展进行统筹规划与协调。经济、工商、科技、教育、公安、旅游、知识产权等有关行政管理部门按照各自职责，做好展览业相关管理工作。"④ 实际生活中，还是存在多头管理的情况。

少数地方如成都市、南京市、长春市成立了专门的政府管理部门，如成都市设立了成都市博览局（官方网址：http：//www. cbe. gov. cn/），并确定其职责是"负责组织管理和推动全市会展业的发展"⑤。不过笔者认为，这些管理部门的级别可能不高，或即使级别不低，也同样存在大量需要在同级政府领导的协调下，协调文化、经贸、商务、科技各部门协助的情况。

还有一些地方如宁波市规定设立了一个办公室作为协调部门，并非真正意义上的管理部门⑥。

---

① 2000 年 11 月发布生效的《国务院办公厅关于出国举办经济贸易展览会审批管理工作有关问题的函》规定："从 2001 年 1 月 1 日起，各地区、各单位出国举办经贸展览会（以下简称"出国办展"），一律由贸促会会签外经贸部后审批；贸促会代表国家出国办展，仍由贸促会会签外经贸部、外交部、财政部后报国务院审批。"注意，经贸部即已经变更为商务部。

② 2009 年 1 月，商务部还发布了《商务部关于抓好 2009 年商贸会展促进消费有关工作的意见》。

③ 文化部还于 1992 年 7 月发布了《文化部关于加强引进外国艺术表演和艺术展览管理的意见》。

④ 《上海市展览业管理办法》（2010 修正），由上海市政府于 2010 年 12 月 20 日发布。

⑤ 资料来源于成都市博览局官方网站"机构设置与主要职责"页面，网址：http：//www. cbe. gov. cn/article－detail－4－12－164－1. html。

⑥ 《宁波市展览业管理暂行办法》由宁波市政府于 2005 年 6 月 13 日发布并实施。

有的地方成立事业单位承办某具体博览会。例如，中国国际中小企业博览会事务局（广东省广州市，官方网址：http：//www. smefair. org. cn/）是广东省经济贸易委员会直属事业单位，负责承办中国国际中小企业博览会的具体事务性工作；四川博览局（四川省成都市，官方网址：http：//www. scbea. org. cn/）负责中国西部国际博览会。这样的情况下，事业单位也是很强势的，正式的行政管理难见踪迹，内部协调更为多见。

各地的会展中心则往往作为国有企业存在，名义上属于工商部门管理，但是实际上还是多头管理，本级政府、经贸部门、文化部门等都会对它发号施令。

以上情况反映了中国的博览会事业绝大部分属于政府主导，各政府部门协调共同举办的特点。民间举办的博览会项目非常少，申请也非常困难，更多的是举办一些展销会、交易会、年货超市性质的“博览会”，名义为博览会更多的是集市。

总而言之，目前我国在博览会领域正式的行政管理很少，有关法律法规也少，依法实行行政管理经验自然也不足。

（二）外国

国外的情况大多也是分割式管理的，很少有统一管理的，具体分割的情况就多种多样了。例如，法国在文化部内设博物馆管理局，日本文部省下属的文化厅管理国立博物馆，文部省大学局管理国立民族学、历史民俗博物馆。

笔者认为，这样的分割式管理很难形成专业的管理，也容易造成部门利益冲突以及多头争管、多头均不管的局面，不利于博览业的繁荣发展。

不过笔者也反对绝对的统一管理，特别专业的博览项目也许由对口的部委、部门来管理更为科学。

二、重视博览业：态度决定一切

笔者认为，政府应该重视博览业，包括博览业的进一步迅速健康发展、规范及与其他国民经济内容的和谐。

（一）重视的理由

政府需要重视博览业的理由，在前文基本上已经提到，包括经济、政治、文化三个方面，这里不再赘述。

2011年10月18日，中国共产党第十七届中央委员会第六次全体会议通过了《中共中央关于深化文化体制改革推动社会主义文化大发展大繁荣若干重大问题的决定》。正如决定所阐明的，充分认识推进文化改革发展的重要性和紧迫性，加快发展传统文化产业，以及文化创意、数字出版、移动多媒体、动漫游戏等新兴文化产业，扩大文化消费，既有助于加快发展文化产业，为人民提供更好更多的精神食粮，还能推动文化产业成为国民经济支柱性产业，为国民带来物质财富。

无疑，博览业应该列入这些新兴文化产业的行列，大力加快发展。

（二）重视的措施

1. 积极了解博览业

要重视博览业，首先就应该积极去了解博览业。通过阅读有关博览业的书籍、论文等资料，了解什么是博览业、发展博览业有何意义、如何发展博览业和如何有效监管博览业等问题。如果对博览业都不甚了解，却自诩是重视博览业的，那是难以置信。作为政府，则要通过积极组织官员理论学习、召开经验交流会等途径促进官员对博览业的了解。

2. 关注博览业的发展

政府如果真的重视博览业，还应该关注博览业的发展，关注与博览业有关的最新研究成果、学术报告、统计报告、新闻报道、发展势态和发展趋势等动向。既包括本地的，也要关注外地的、外国的乃至全球范围内的博览业最新动向。

3. 研究分析博览业

除了阅读别人的研究成果，具有研究能力的政府还应该自己多研究分析博览业的情况，主要是研究本地的博览资源，博览业发展潜力，博览业发展思路、扶持对策等应用型研究分析。只有政府勤加思考，当成重要的事情来思考，才算得上是真正的重视。

4. 将博览业的发展纳入政府规划

政府如果重视博览业的话，应尽快将博览业的发展纳入政府的规划中。立法机关应进行立法规划，尽快为发展博览业制定具体的规范；行政机关应将博览业的发展纳入国民经济和社会发展计划，并将经费列入本级财政预算，并付诸实施，其中工商、旅游、文化、保险监督等行政管理部门应出台具体的操作细则。

5. 将博览业纳入国民教育体系

笔者赞成学者黄永兰的观点："通过政府制定法规，从制度上明确……教育机构性质，确立其国民教育体系有机组成部分的法律地位。"① 笔者赞成大教育业理论，教育不仅仅包括教室内的教育，这样做也是对教育理论的一个革新。

事实上，日本的《博物馆法》就是依据其《社会教育法》的精神制定的，该法第一条即宣明"本法是根据《社会教育法》之精神，规定博物馆的设立目的与经营管理之要项，以谋求其健全的发展，并为国民教育、学术及文化之发展贡献力量。"②

6. 任用能人管理和发展博览业

这并不是要博览业与其他产业争风头，任用最好的官员来管理和发展博览业只是强调：不要随便任用一个能力太低的人去管理和发展它，那一定不是重视它的表现。

7. 尽快设立统一的管理部门统一管理

笔者认为，正如前文分析指出的，分割式管理很难形成专业的管理，也容易造成部门利益冲突以及多头争管、多头均不管的局面，不利于博览业的繁荣发展。所以尽快设立统一的管理部门，以便对博览业进行统一管理，促进博览业的大发展、大繁荣。

---

① 黄永兰．博物馆与中小学教育良性互动机制的建立——以重庆主城区部分中小学校和博物馆为例［D］. 重庆：重庆师范大学，2012：35.

② 日本《博物馆法》第一条（1951 年 12 月 1 日起实施，2008 年 6 月 11 日修订），本书此处的中文为笔者翻译。

笔者的建议如下（以中国为背景，仅供有关读者根据具体情况权衡、参考、借鉴）：

方案一：在教育部下面设立社会教育司，社会教育司下设博览处、体验处等；

方案二：在文化部下面设立休闲产业司，休闲产业司下设博览处、旅游处、体验处等；

方案三：将国家旅游局改为国家休闲局，下设博览司、旅游司、体验司、体育司等。

笔者本人倾向于采纳第一种方案，但是如果现阶段采用方案一有阻力的话，可以在这个过渡阶段暂时先采用第二种或第三种方案。

当然，笔者认为，采取这些措施并不可能解决全部问题，但是能有效减少、削弱这些不利于博览业发展问题。

另外，不管管理当局采取哪种方式，将博览业划归哪个部门管理，都需要管理者具备多种管理思维，因为博览业不是纯粹的教育业、也不是纯粹的休闲产业，它本身具备多种属性。例如，不能因为博览业划归教育部，就用纯粹的教育业管理思路去管理它，而不顾及它的休闲属性。

三、扶持博览业

首先澄清一下，重视博览业并不一定是扶持博览业，重视更多地指关注的态度，扶持则更多地指帮助的行为。对黑暗的东西也要重视，但是不要扶持；对于重要而有积极意义但是已经很强大的东西则只需要重视不需要扶持。虽然两者有不少的联系，但还是两码事，所以分开来阐述。

（一）扶持博览业的理由

笔者并不赞成随随便便地去扶持某些事和人。扶持的理由基本上应该是类似的：它有远大的发展前途或正当的存在理由但是它现在比较弱小，比如尊老爱幼中的“尊老”与“爱幼”，尤其是“爱幼”。

博览业需要政府扶持一段时间，也是基于这种理由：博览业有远大的发展前景，有利远远大于弊的社会意义；博览业属于新兴产业，发展历史短，它弱小。

此理由应该不难证明，皆在前文中已经详细阐述。

这里要强调的是，博览业中的部分分支博览业发展得已经非常成熟、完善（如博览会、植物园、动物园），部分还未完善（如医学博览项目、地理博览项目），因此要区别对待；同样的，植物园、动物园在大城市已经完善，在中小城市则还未普及，但是作为通俗类的博览项目应该、也可以发展到中小城市去，因此在中小城市首次发展的，应该、也可以适当扶持。

需要补充的是，扶持是阶段性的。一旦博览业“长大成形”，则扶持也应立即停止。但是扶持政策停止后，可以适当出台一些奖励措施，以继续鼓励博览业的健康发展。当然，奖励的力度一定是小于扶持的力度的。

（二）扶持博览业的措施

1. 官方言论上的支持

首先，广告的作用可以一夜之间塑造一种新时尚的流行。如果能有官方肯定性的言论作舆论引导，则这种流行将更深刻、更宽广，因为官方言论同样是强大的、权威的，老百姓喜欢信任的。

其次，官方的支持性言论为投资商增加投资信心，为经营者增加“乐业”基因。尤其是在新兴的博览业分支发展之初，其政治风险往往比较大。政府的支持性言论能够有效地打消投资者和经营者内心的担忧和惶恐。

再次，官方的支持性言论能有效地减少下级官员在新兴的博览业分支发展中的刁难和漠视。一个新产业刚刚开始时，很多官员因为怕出现什么差错，或不信任这种新经济，或欺生，或其他原因，往往对其更容易出现刁难和漠视的行为。一旦上级官员表了态，他们的态度和行为则会马上改观。

最后，官方支持性言论还会在博览投资商的融资等方面产生深远的良好影响。

政府官员在官方言论上扶持博览业，就要有意和故作无意地多发表肯定性言论，而且要比正常情况还要多，这才叫“扶持”。官方在言论上的支持，并不意味着官方就不讲博览业的问题，不讲它的消极意义，而是主要多宣传它的积极意义和发展前途（投资前景），主要还是启迪民念，鼓励民念。

2. 本地博览资源的普查、整理、宣传

政府博览管理部门应负责组织本行政区域博览资源的普查、整理、宣传工作，指导有关部门编制本行政区域的博览资源开发、利用规划，加大宣传力度。由于许多优秀的少数民族文化、民间文化正濒临消失，因此应重视少数民族文化、民间文化方面的博览资源的普查、整理、宣传工作。

本地投资条件不够的，可以和有关部门一起做好招商、指引工作。

3. 政府主办政府扶持型博览项目

博览项目中有的属于适合、需要政府扶持型的博览项目，这一种博览项目主要分为以下几类：

（1）大众类博览项目，如植物博览项目、动物博览项目。

（2）有利于科学技术（主要是高科技）普及，提高国民科技兴趣的博览项目，如高科技产品博览会、航天博览项目。

（3）有利于陶冶国民精神，丰富人们精神生活的博览项目，如优秀的艺术博览项目、伟人历史博览项目。

（4）少数民族博览项目，在整理、抢救、保存、延续少数民族中的优秀文化，保护文化多样性方面意义重大。并且这些文化保存下来后，将会影响来参观的服装设计师、建筑设计师、语言学家、社会学家、医药学家、心理学家等人的思维，激发他们的灵感，从而使优秀的少数民族文化融合到现代社会中去。

这些政府扶持型博览企业，在博览业发展成熟时，政府也应该进行一定的扶持；而在当地的发展刚起步的时候，则完全可以由政府来主办。政府应鼓励、扶持有条件的旅游局、文化局、国有文化企业、科研单位等政府、事业单位开发、经营普及这些博览项目。

通过政府主办博览企业来诱导民间投资商的投资行为，有了好的榜样，自然有“勇士”群起仿效。一旦博览业发展进入正轨，政府应当及时退出博览业市场（只能由政府主办的除外，有些博览项目展品非常珍贵，且产权属于国家或地方政府，所以只能由中央或地方政府主办）。

政府要谨慎防止这一善举后来变质为博览业中的垄断行为，反而阻碍博览业的健康发展。因此，政府的适时退出也是防止出现这一恶果的明智之举。也要防止博览企业因效率低下、贪污腐败等问题使政府主办的博览企业成为一家失败的企业，反而打击民众的投资信心，或无法提供成功的经营模式样本供民众参考学习。

地级市以上各级政府均可以并且应该主办一些政府扶持型博览企业，政府级别不同，主办的项目自然应有所区别，即主办的项目其社会意义、规模、投资额度等应与该级政府的职能、地位、财力相般配。例如，县级市也可以主办植物园，但是植物园的规模要小，浓缩袖珍型，地级市的则可以规模相对大一点。

4. 在财税政策上的扶持

在经济上对博览业的扶持是最实在的扶持之一。国家应该在国家收入和支出“两条线”上，即财税政策上对博览业进行扶持，尤其是对政府扶持型博览项目（对于政府限制型博览项目则应该尽少或不给予该种优惠）。

这种扶持以税收优惠为主，财政拨付为辅。财政拨付主要面向那些采用事业单位形式的政府主办的博览项目，以及政府主办的博览项目或包含博览项目的活动。

这种财税政策上的扶持应该制定得尽量科学合理，使扶持力度适度，不能太小（不痛不痒）也能不过度。

笔者认为，政府试图在经济上给予博览业扶持时，最好不要试图干涉金融企业的经营活动。如果要在贷款方面给予博览业扶持，那也应该尽量以法律形式来规定，而不要以政策形式。

5. 奖励

优秀的博览经营场所符合有关规定的，可相应授予“爱国主义教育基地”、“科技教育基地”、“传统文化教育基地”等称号并颁发匾牌。例如，航天博览馆可以授予“科技教育基地”称号。

政府可以对博览经营者、博览经营场所和博览项目等进行评选，优秀者给予一定的奖励，并为之宣传推广。

对促进博览业发展、开发优秀博览项目有突出贡献的单位和个人，如研究会、期刊、学者、发明人，政府也应当给予表彰和奖励。

6. 提供业务上的指导、培训

政府尤其是博览业主管部门可以利用自身的专业优势、掌握的学术资源对博览项目主办方提供业务上的指导。当然，行政指导应该遵循自愿的原则，不可强行施加，以免干涉主办方的经营权。类似的，也可以提供业务上的培训。

7. 推动博览业与旅游业、体验业、教育业等行业的合作

政府部门可以积极推动博览业与旅游业、体验业等行业的合作，或者为其合作搭桥牵线。例如，推动将优秀的博览项目纳入当地文化旅游路线建设等，推动合适的博览项目作为学校的课外教学基地等。

8. 放手培育行业协会

博览业的行业管理中，除了政府行政部门在进行管理外，也有一些社会团体或行业组织在进行管理，如中国展览馆协会、中国博物馆协会、中国公园协会、北京国际会议展览业协会、上海市会展行业协会、深圳市会议展览业协会、湖南省会议展览业协会、广西会展行业协会等。行业协会属于我国法律规定的社团法人，是我国民间组织社会团体的一种。这些行业协会一般是由从事相关工作的单位和个人自愿结成的，它不属于政府的管理机构系列，它是政府与企业的桥梁和纽带。

现在，政府把行政审批制度改革作为转变政府职能的突破口，提出要处理好政府与市场、政府与社会的关系，把该放的权力放掉，把该管的事务管好，

激发市场主体创造活力，增强经济发展内生动力，把政府工作重点转到创造良好发展环境、提供优质公共服务、维护社会公平正义上来。预计随着行政审批制度改革的推进，一些原本由行政管理部门行使的行业管理的职能将转变为向行业协会购买服务的方式进行，相应的一些行政管理事务将转变为行业自律行为。届时博览业中的各种行业协会将迎来一个大发展时期。

因此，政府应放手培育行业协会，以让其发挥行业协会的优势，做好自身的管理协调。

9. 其他

政府可以提供博览服务合同的示范文本供公众选择使用，提供专业网站开放相关资讯，举办相关的专业论坛等。

四、对博览业的法律规制与政府管理

在笔者看来，对博览业的法律规制是先驱性的、主要的，它应局势的需要进行的修正也是及时的，而政府的管理是次要的。应当加强博览业的立法工作、法治建设工作。因此，本节的标题和内容的安排便是重点分析对博览业的法律规制，也顺便讲一讲政府管理。

笔者认为，当博览业尚不发达时，国家可以依靠现有的法律法规对其进行监督规范。但是，当博览业发展到一定的规模时，国家应当制定专门的博览行业法律法规，对其予以更加专业、严谨、详细的规范，以便给基层的政府管理人员提供明晰的处理意见。

目前，已经出现了一些专门针对博览业的相关法律，如《博物馆管理办法》、《博物馆藏品管理办法》、《全国博物馆评估办法》、《国家文物局、民政部、财政部、国土资源部、住房和城乡建设部、文化部、国家税务总局关于促进民办博物馆发展的意见》、《北京市博物馆管理条例》等。但是主要是针对历史博览馆类型的，而针对其他动物博览园、植物博览园、其他博览馆的法律很少，也没有一部统一的博览业法律。

（一）博览企业等经营单位的设立

1. 博览企业等经营单位的名称

作为企业的博览公司，在名称方面必须遵守所在国家公司法、企业名称登记管理规定等法律法规有关企业名称的规定。以中国大陆为例，依照《中华人民共和国公司法》设立的有限责任公司必须在公司名称中标明“有限责任公司”或者“有限公司”的字样；依法设立的股份有限公司，必须在公司名称中标明“股份有限公司”或者“股份公司”的字样。要强调的是，笔者认为博览企业的名称中应该包含“博览”、“博物”或“博览服务”、“博物服务”字样（笔者倾向于采用“博览”而非“博物”），以向公众表明公司的行业或经营特点。

作为事业单位、国营单位、国有单位的植物园、动物园等可以依据历史的命名传统仍然使用“植物园”、“动物园”这样的简洁称呼，但是为了与植物研究单位等单位相区别，鼓励更名为“植物博览园”、“动物博览园”等类似的名称。

2. 博览企业等经营单位的经营范围

法律应当允许博览单位在经营博览服务的同时兼营与之相关的配套业务。

博览单位提供的博览服务项目应当是符合善良风俗的，法律应当规定博览企业不得提供那些博览邪恶的、腐朽的、阴暗的，违反公共秩序、善良风俗的服务。例如，禁止提供宣扬毒品、邪教等主题的博览项目。禁止经营含有下列内容的博览项目：

（1）违反国家法律、法规、规章规定的；

（2）宣传伪科技知识、封建迷信思想的；

（3）淫秽、色情或违反性道德的；

（4）渲染暴力的；

（5）煽动国别歧视、民族歧视、种族歧视、地域歧视、职业歧视、性别歧视等的；

（6）宣传奢华享受、毁人心志的；

（7）其他违反公序良俗的。

3. 个体工商经营者不得经营具有较大安全风险的博览项目

由于个体工商经营者（俗称个体户）注册资本小、规模小、人数少，对个体户的要求也低，因此，一般说来其不具备经营具有较大安全风险的博览项目的责任能力和责任心，建议政府明确禁止个体工商经营者不得经营具有较大安全风险的博览项目，如有凶猛动物的动物博览项目。

4. 特殊项目应通过前置审批程序

从事军事、科技等特殊博览项目的博览经营活动，依照法律、法规规定需经相关行政管理部门批准的，应当办理审批手续。主要是通过以下事项的前置审批：

（1）有关安全生产的；

（2）有关特许经营的；

（3）有关国家秘密保密要求的。

例如，航天博览项目应通过国家保密管理部门的前置审批。

（二）博览单位的经营

1. 安全性

博览业中的不安全因素主要来自以下几个方面：

（1）动物博览项目中凶猛的动物可能挣脱束缚，从而攻击参观者；

（2）植物博览项目中有毒、有不良副作用的植物可能被参观者（尤其是儿童）误食、允吸等，从而引发中毒或不良反应；

（3）存放珍贵展品的博览项目中可能发生抢劫事件，从而伤及参观者及工作人员；

（4）博览项目附带经营的体验环节、游乐项目出现安全事故；

（5）在节假日等参观人数众多时发生火灾、踩踏事件等造成大规模伤亡；

（6）其他安全隐患。

博览单位必须建立完整健全的安全保障制度，设立安全管理人员，配备足够的专职或兼职（视项目的危险性而定）的安全保障人员，配备必要的安全保护设施，在消费者博览之前向其详细说明博览中可能发生的危险，并且工作人员必须定期对安全保障设备进行检修。

经营具有较大安全风险的博览项目的，应当采取以下安全保障措施：

（1）建立健全的安全管理制度；

（2）配备与经营范围相适应的安全设施、设备，且设施、设备必须具有产品合格证，经质量技术监督部门检验合格后方可运营；

（3）加强设施、设备的日常维护和保养，保证安全运转，重大节假日来临前应当进行彻底检查；

（4）配备与经营范围相适应的安保人员，加强安保人员的选聘、日常操练、管理、辞退等制度建设；

（5）加强消防安全、恐怖事件或抢劫事件方面的演习；

（6）对博览中可能造成危险的情况，事先向旅游者作出真实的说明和明确的警示；

（7）按照国家有关规定为博览者办理相关保险；

（8）发生安全事故时，及时救护并向有关部门报告。

2. 内容方面

博览单位提供的博览服务项目应当是符合善良风俗的，博览单位严禁提供那些博览邪恶的、腐朽的、阴暗的、色情的，违反公共秩序、善良风俗的服务。由于博览单位有可能随时变换展品、展览内容，因此政府应加强监管，经常性地抽查，以及时发现问题并加以矫正。

五、关于博览法涵盖内容的建议

笔者参考中国大陆法律的格式、传统，以中国大陆情况为背景提出了博览法方面的部分内容，作为个人建议，仅供参考。

1. 总则

（1）为了规范博览活动与博览市场，促进博览业的健康发展，促进国民素质的提高，为国民提供更多的文化、休闲活动形式，根据《中华人民共和国宪法》以及有关法律、法规，制定本法。

（2）本法所称博览项目是指将某主题的众多的展品集中展示，并且一般都提供必要的说明，以期为人们提供该主题方面的系统的知识或信息的项目，包括符合本定义的短期博览项目博览会及带博览功能的展销会，长期博览项目博览馆（博物馆）、美术馆、博览园、植物园、动物园、水族馆等。

图书馆、书店、电影院及不带博览功能的展销会、交易会、购物节、集市、超市不属于博览项目。

本法所称博览业是指提供博览项目服务的行业。

（3）在中华人民共和国境内开展博览活动、从事博览业务经营的，应当遵守本法。

（4）博览活动、博览项目的经营以及博览业的发展，应当遵循传知启智、有益身心健康、公序良俗的原则，应当继承和弘扬中华民族优秀的历史文化和智慧，吸收人类文明发展的一切优秀历史文化和智慧。

（5）博览业是国家教育体系的一部分，是通识教育、社会教育的组成部分。博览项目是重要的课外活动、科普活动、文化活动、休闲活动场所。

2. 政府的权力与责任

（1）国务院博览行政主管部门负责全国博览管理工作；县级以上地方人民政府博览行政主管部门负责本行政区域内的博览管理工作。

县级以上人民政府其他有关部门在各自职责范围内，负责博览的管理工作。

（2）具有博览业发展条件的地区的各级政府应鼓励和扶持博览业发展，其中县级以上政府应将博览业的发展纳入国民经济和社会发展计划，并将经费列入本级财政预算。

县级以上政府应发展最基本的通俗类的博览项目，推动科普、教育事业发展。

在博览业进入稳步发展阶段时，扶持措施应该逐步取消。

（3）国家鼓励开发、经营普及科技知识与信息、传播优秀文化、拓展视野、修炼心志的博览项目；禁止开发、经营具有违法、违反公序良俗等内容的博览项目。

国家鼓励、扶持开发、经营传播先进生产技术的博览会项目，必要时可自行组织主办。

国家鼓励、扶持开发、经营传播少数民族优秀文化的博览项目。

（4）为扶持博览业的发展，为民间竖立榜样，国家鼓励、扶持有条件的科技馆、少年宫、博物馆、纪念馆、美术馆、文化馆、植物园、动物园、科研单位等政府、事业单位开发、经营普及科技知识与信息、传播优秀文化、拓展视野、修炼心志的博览项目。

（5）县级以上人民政府博览管理部门负责组织本行政区域博览资源的普查、整理、宣传工作，指导有关部门编制本行政区域的博览资源开发、利用规划，加大宣传力度，本地投资条件不够的，和有关部门一起做好招商、指引工作。

本法所称博览资源指的是适合开发为博览项目的资源。

（6）国有文物已经完成基本的研究且适合向公众开放的，应该作为展品向公众开放。但除了短期租借外，贵重的国有文物不得成为非国有博览项目的展品，应提供给国有博览项目。

（7）珍贵的国有展品应该采用立体扫描技术存档，以永久性保存其资料，非国有的鼓励有关经营方自觉完成，国家免费提供立体扫描技术及服务。

国家鼓励发展和创新各种展品保存技术，以延长珍贵展品的寿命。

（8）国家鼓励经营方及社会人士在适当的情况下对有关展品开展研究，获得创新性的研究成果；也鼓励文物、植物、动物等有关科研单位在合适的情况下举办博览项目，或租借展品给有关博览服务单位。

国家鼓励社会各界人士通过卖、租、借、捐献等多种形式贡献出有价值的展品，以丰富国家博览业的展品，促进知识的传播。

（9）对促进博览业发展、开发优秀博览项目有突出贡献的单位和个人，县级以上人民政府应当给予表彰和奖励。

县级以上人民政府可以对博览经营者、博览经营场所和博览项目等进行评选。优秀的博览经营场所符合有关规定的，可相应授予“科技教育基地”、“科普基地”、“爱国主义教育基地”、“传统文化教育基地”等称号并颁发匾牌。

（10）县级以上人民政府应当加强对博览业发展的宣传，提高全社会发展、参与博览业的意识。

（11）国家鼓励和支持公民、法人和其他组织开发、经营合法正当的博览项目，发展连锁经营的、专业的、优质大型博览服务企业。有关博览服务有益于国家发展、国民综合素质提高且作用显著的，国家可根据其参观量适当给予经济补贴。

（12）博览行政管理部门应定期对博览经营场所进行检查，及时取缔具有违法、违反公序良俗等内容的博览项目。

（13）专门经营博览项目的公司、合伙企业等经营单位进行注册时应在名称中注明“博览”字样，经营范围除博览服务外还有其他服务的，可以不注明。

3. 博览经营者的权利与义务

（1）禁止经营含有下列内容的博览项目：

①违反国家法律、法规、规章规定的；

②宣传伪科技知识、封建迷信思想的；

③淫秽、色情或违反性道德的；

④渲染暴力的；

⑤煽动国别歧视、民族歧视、种族歧视、地域歧视、职业歧视、性别歧视等的；

⑥宣传奢华享受、毁人心志的；

⑦其他违反公序良俗的。

（2）博览经营者经营涉及人身安全的博览项目的，应保障博览者人身安全。

（3）个体工商经营者不得经营具有较大安全风险的博览项目，经营具有较大安全风险的博览项目的公司、合伙企业等注册资本不得少于100万元人民币。

（4）经营具有较大安全风险的博览项目的，应当采取以下安全保障措施：

①建立健全的安全管理制度；

②配备与经营范围相适应的安全设施、设备，且设施、设备必须具有产品合格证，经质量技术监督部门检验合格后方可运营；

③加强设施、设备的日常维护和保养，保证安全运转，重大节假日来临前应当进行彻底检查；

④配备与经营范围相适应的安保人员，加强安保人员的选聘、日常操练、管理、辞退等制度建设；

⑤加强消防安全、恐怖事件或抢劫事件方面的演习；

⑥对博览中可能造成危险的情况，事先向旅游者作出真实的说明和明确的警示；

⑦按照国家有关规定为博览者办理相关保险；

⑧发生安全事故时，及时救护并向有关部门报告。

（5）从事军事、科技等特殊博览项目的博览经营活动，依照法律、法规规定需经相关行政管理部门批准的，应当办理审批手续。

（6）博览项目涉及国家秘密的，博览经营者应遵守《中华人民共和国保守国家秘密法》，确保博览内容不会导致泄密。

（7）博览经营者应诚实经营，不得违反国家有关价格的法律规定。

（8）博览经营者应遵守国家有关文物、珍稀动植物的法律规定。

4. 博览者

（1）博览者应遵守博览经营者的安全性规定，不得扰乱博览现场秩序，不得损毁展品、博览设施及安全装置。

（2）博览者不得要求博览经营者提供本法第十六条所列的博览服务，也不得自行组织所列的博览活动。

5. 法律责任

（1）对违反本法行为的处罚，法律、法规已有明确规定的，按规定处理。

（2）违反本法规定，有下列行为之一的，由县级以上博览行政主管部门给予处罚：

①违反本法第十六、十七、十八、十九、二十条规定但不严重的，责令限期改正；逾期不改正的或情节严重的，处以 50 000 元以上 100 万元以下罚款并责令暂停营业，并取消有关荣誉称号，不得参加有关评级活动；情节特别严重的，责令停止营业，限期注销营业执照并告知工商行政管理部门。

②违反本法第二十二条规定但不严重的，处以警告；情节严重的，可处以 10 000 元以上 50 000 元以下罚款；情节特别严重的，处以 50 000 元以上 200 万元以下罚款。

③违反本法规定，同时构成犯罪的，应移交有权处理机关处理。

（3）违反本法其他规定的，由工商、保密等有关行政主管部门依照有关法律、法规处理。

（4）博览行政主管部门及其工作人员玩忽职守，滥用职权，徇私舞弊的，由其所在单位或上级主管部门给予行政处分；构成犯罪的，依法追究刑事责任。

（5）当事人对行政处罚决定不服的，可以在接到处罚通知之日起六十日内提出行政复议；当事人也可以在接到处罚通知之日起十五日内直接向人民法院起诉。

当事人逾期不申请复议，也不向人民法院起诉，又不履行行政处罚决定的，由作出行政处罚决定的机关申请人民法院强制执行。

六、政府如何利用博览业提升国家或地区的软实力

博览业有助于提升一个国家或地区、城市的软实力。我们谈到北京会想起故宫博物院，说至纽约就会想起纽约大都市艺术博物馆，提及巴黎会想起卢浮宫博物馆，聊起伦敦就想到邱园植物园。我们到了那儿一定要去参观一下，回家后还和亲友屡屡说起，拍摄的图片则在博客、微博等地方处处传播。许多政要访问这些国家时会在百忙之中安排参观，所在国陪同领导则自豪地为其介绍，如数家珍。许多人的知识结构、世界观甚至命运也许因为与某博览项目的一次偶遇而发生重大转变……博览业的软实力不容忽视。

博览项目在一个国家或地区、城市软实力的提升作用主要表现在以下几个方面：

（1）提升了在博览项目展示内容所在领域的文化地位；

（2）提升了在博览项目展示内容所在领域的学术地位、科研水平、知识输出能力；

（3）提升了在博览项目展示内容所在领域的经济影响力（主要是博览会）、吸引外来旅游者（参观者）的能力；

（4）提升了该国家或地区、城市整体的文化实力；

（5）提升了该国家或地区、城市整体的国民（市民）素质水平、创新能力；

（6）提升了该国家或地区、城市整体的价值观说服力与价值观输出能力；

（7）提供了又一个参与世界性事务的舞台、平台（如因此成功申请到了承办某次国际论坛、大会、博览会、比赛的资格）；

（8）提升了该国家或地区、城市整体的形象、印象（品牌力），并因此间接性地增加了吸引外来投资、交易的商业机会。

当然，不是所有的国家或地区、城市都需要通过博览业来提升自己软实力。有条件、有需要发展博览业提升软实力的国家或地区、城市一般是那些经济实力雄厚、流动人口多、旅游业体验业等休闲产业发达、具有某种丰富的博览资

源的地方。

那么，对于这些国家或地区、城市来说，该如何利用博览业提升其软实力呢？笔者给出一些建议：

1. 办世界或国内一流的博览项目

想要吸引众人的目光，没有好东西是不行的，所以要办世界或国内一流的博览项目。最差也要国内一流，否则沦为二流、三流的水平就没有意义了。所以一开始定位就要高，否则干脆别举办。

2. 办有特色的博览项目

如果大家都办同样主题的博览项目，既是造成资源的重复、浪费，也会造成激烈的竞争，这时候要想做到世界、国内一流水平会非常艰难，只有超级大国、顶级的大城市才有机会搏一搏。不过，对于大多数的普通国家或地区、城市来说，如果找一个独特的切入口，办有特色的博览项目则更为容易做到世界、国内一流水平。

不过大家注意了，办有特色的博览项目而不要办很冷门的博览项目，冷门的博览项目也有价值，但是它适合那些专业机构、专业人士来办，不适合来打造软实力，因为对它感兴趣的观众数量很少。

3. 一流的展示内容与展品

梅贻琦先生说："所谓大学者，非谓有大楼之谓也，有大师之谓也"，而一流的博览项目必然有一流的展示内容与展品，衡量它的标准就是绝大部分参观者参观后的普遍性的收获感，他们感觉越有收获，说明它的质量和水平就越高。残酷地说，在某种程度上，一流的展示内容和展品是用金钱砸出来的，得花大价钱去采集那些独特而昂贵的展品。国家有权占有那些价值连城的文物展品，所以在一定程度上具有很大的优势。不过对于一些私有品，则国家或地区、城市，国有单位或私营单位则站在同一起跑线上，都需要去购买。

不过对于聪明的非富裕者来说总是能独辟小径，通过其他成本更低的方法去搜集一流的展品，比如前文笔者提到了一些收集展品的方法。

不过笔者最重视的还是那份“心”，即有没有心持续去搜寻一流的展品来构建一流的展示内容。很多公立的博览项目主管者从来都是傲慢的心态，岂会去费力搜罗？总是应付了事，断然无法造就一个“一流”来。

4. 一流的博览项目往往有一流的馆长等高层管理者与一流的管理

事情都是人做出来的，一流的博览项目往往需要有一流的馆长等高层管理者。他们要有打造一流博览项目的雄心，有与博览项目主要展示内容相吻合优秀的专业特长或虽无特长但善于采纳专业下属及外部人士的意见，有热忱的敬业精神，有尊重展品与知识的人文精神，还要有精明的商业、营销、服务精神等。

有一流的馆长等高层管理者，基本上就能产生一流的经营与管理。

第二节　国际组织与博览业

目前世界上已有国际展览局、国际博物馆协会、国际植物园协会、世界动物园暨水族馆协会等国际性组织，他们与各国国内的相关行业组织一起，为博览业的发展发挥了积极而深远的作用。

由于博览业定义的混乱，因此现在没有统一的博览业国际组织，虽然国际博物馆协会在有关博物馆的定义中确定其包括了植物园、动物园、美术馆，但是植物园界、动物园界似乎并不认可，而美术馆则更处于散沙状态。

这些国际组织在各自的范围内推动自家领域内的建设，他们之间缺乏深入的交流，也很少达成重要的共识。

他们中有不少人没有认真思考、追寻博览业的本质，反而试图向科研、文物保护、动植物多样性保护等方面拓展。显然，如果我们掌握了主要的东西再来拓展这些领域并不构成问题，但是当主要的东西尚未掌握时却发展这些领域会让人感觉主次不分，迷失自我。恐怕有些行业人士连自己都无法说服自己到底是在干什么，更加别提让公众信服他们在干什么，仿佛什么都干，又好像什么都没有干。于是，我们的公众对博览业留下的残缺的、混杂的、片段式的、琐屑的印象，因此人们现在根本没有博览业的概念。这同旅游业、花卉业等新兴产业、概念相比，确实让人感觉到了需要奋起直追的时候了。

笔者认为，当前最重要的任务是在统一定义、统一认识的基础上迅速建立起统一的博览业国际性组织。可以采取两种方式完成，第一种就是重新建立一个博览业国际性组织，第二种就是某现有国际性组织更改其定义，或扩大范围，扩大为统一的博览业国际性组织，比如国际博物馆协会直接变更为国际博览业协会，并进行相关的改组。第二种方式更为快捷、高效，不过需要打破原有理念的禁锢，有时候也颇为不易。

国际博物馆协会从1946年创立以来，一直通过协会大会讨论、改进有关博物馆的定义，以推动博物馆事业的发展，这种改革与创新的精神值得我们敬佩。基于此，笔者对其担任重任抱有厚望。当然，笔者将根据实际的情况做出行动，以推动博览业这个利世利国利民产业的蓬勃发展。

统一的博览业国际性组织建立后，应该继续完善定义及相关理论，并进一步向行业内人士以及社会各界推广这种共识。

更为重要的是，应探讨统一的博览业所具有的共同特征、共同的弱点或优势、共同面临的问题，并为博览业的健康发展提供指导。

笔者相信，以后博览学理论将进一步与传播学、教育学、心理学、历史学、生物学、经济学、管理学、规划学等学科结合，博览业将进一步与旅游业、体验业、娱乐业、城市规划、景观设计业等结合，诞生更多的精彩来。

让我们从此多一份期待。

第十章　博览业的发展历史

亲爱的读者，请原谅，笔者并非历史学家，因此无法提供系统的、专业的博览业发展历史（即使是专业的历史学家，也会各家有不同观点，也会因为考古、研究的新发现、新成果而不断修正原来的历史学知识）。但是笔者会谨慎、认真地依据现有的学术资料，给大家呈现一个关于博览业发展史目前的、大致的历史印象。其中，部分内容是直接引用其他学者的结论，部分内容则经过了笔者的分析、考证，有些结论还不同于其他学者，感兴趣的读者需要关注脚注内的详细说明。

笔者大致将博览业的发展历史分为萌芽时期、发展初期、发展中期，目前我们处于发展初期转化为发展中期的关键节点上。

第一节　简陋的萌芽时期

笔者认为，从人类出现开始至农业经济这段时间属于博览业的萌芽时期。

在萌芽时期，由于各种偶尔的历史机遇以及属于小部分的必然原因，在历史上出现了一些小规模的展览项目或少数的较大规模、较为专业的博览项目。

这一时期的博览业的主要特征如下：

（1）真正意义上的博览项目品种少、规模小、数量少，很多停留在展览项目阶段，没有形成真正意义上的博览项目，基本上都属于个案，没有形成一种发展趋势。

（2）人们没有博览项目、博览业的概念。

（3）当时的人们还在努力解决基本的吃饱穿暖等基本生活需求，无法产生博览需求。

（4）当时的交通不便利，也会限制产生足够的参观者。

（5）博览项目、博览业严重依附在商业、服务业等其他产业中。

（6）博览项目一般存在于重大的城市，乃至于大地区、大国的统治者所属的官邸、花园、动物饲养园等处，一般是动物博览项目、植物博览项目、宝物宝石博览项目、文物博览项目，常常伴随收藏、炫耀、把玩、观赏、狩猎、食用、外交等目的。

（7）博览项目对外开放的程度非常低，一般都是仅仅向项目所属主人（部落首长、国王、皇帝、贵族等）、主人的下级（如文武百官）及重要客人（如其他部落或国家的使者、首领）开放。

（8）有关历史事件具有确切证据的不多，很多只是从史料、诗歌、传说等材料的只言片语中管窥、推测出来大概的史实。尽管如此，如果笔者经过研究分析认为有一定的可能性的，笔者会放进来，以便多一种学说、多一种猜想，不过还是希望事先向读者交代这一点。

这一时期比较重要的历史事件、历史知识点如下：

约公元前2620年，根据《离骚》[①]、《天问》[②]、《淮南子》[③]、《史记》等史料，笔者认为很有可能黄帝晚年在他昆仑山的住处下方设有植物园圃，广植各类花草树木，以用于研究农作物、药物、观赏怡情、招待宾客等。由于园圃周边是悬崖，园圃好似悬于空中，故后被人称之为“悬圃”（也称“县圃”、“玄

---

① “朝发轫于苍梧兮，夕余至乎县圃”（译文：早晨由苍梧出发，傍晚就到了悬圃，真快呀。“苍梧”，舜帝葬地，“圃”，王逸注：“神山，在昆仑山上。”“县”同“悬”，形容高）。靳极苍．诗经楚辞汉乐府选详解［M］．太原：山西古籍出版社，2002：89.

② “昆仑县圃，其尻安在？增城九重，其高几里？”（县圃：传说中位于昆仑山顶的花园。尻：古“居”字）。褚斌杰，黄筠《〈诗经〉与楚辞》导读［M］．北京：北京大学出版社，2003：182－183.

③ 《淮南子·地形训》：“昆仑之丘，或上倍之，是谓凉风之山，登之而不死。或上倍之，是谓悬圃，登之乃灵，能使风雨。或上倍之，乃维上天，登之乃神，是谓太帝之居。”刘康德．淮南子直解［M］．上海：复旦大学出版社，2001：179.

圃”、“元圃”）。①

约公元前1500年，据美国考古学会期刊《考古学》报道②，埃及考古发现，埃及耶拉孔波利斯古城遗址所在地的贵族建有私家动物园，饲养来自其他各地的珍异动物以炫耀权力，不过这些动物在贵族死后被陪葬，考古学家发现了牛、猫、河马、大羚羊、大象、狒狒等多种动物的残骸。

约公元前1100年，据《诗经·大雅》③记载，中国早在周文王时已在酆京（现陕西西安沣水西岸）兴建灵囿，自然放养各种鸟、兽、虫、鱼，以供观赏、狩猎及食用。此后的封建帝王也多建有不同规模的类似的苑囿。④笔者认为，如果这个灵囿具有一定的公众开放性（比如对统治贵族阶层开放），饲养的动物具有一定的数量，则该灵囿可以视为目前具有史料记载的、最早的动物博览园项目，或动物展览项目（正如前文所分析的，展览规模比博览小，是博览的初级阶段）。⑤

公元前10世纪，以色列国王所罗门王拥有一个动物园，里面养着猴子、孔

---

① 这仅仅是笔者的推测，缺乏严格、足够的证据，权作一家之言吧。

很多学者受《淮南子》等描述的影响，认为“悬圃”之说纯属神话，不足为信。然笔者认为，去掉《淮南子》等说法夸大其词的成分后可能性还是存在，很多传说虽然在传播中发生夸张、扭曲，但仍有原始的根源。黄帝多年南征北战，且重视治理常常外出巡视，因此在动植物方面见多识广，且据说他好发明，曾发明五谷，因此设置一皇家园圃以作观赏、研究、接待宾客之用完全有可能。所以笔者依照此原则推测出上述结论。

苏雪林则认为该“悬圃”的说法实际上是屈原采用了来自西亚的传说，并且认为该传说也促使巴比伦王国“空中花园”的出现，“西亚世界大山之有悬圃，文献澌灭，今已无征，惟吾国昆仑及希腊奥灵匹司，都是西亚世界大山的翻版。昆仑既有悬圃，奥灵匹司亦有金链悬空之说，则所谓悬圃也者，出于两河世界大山无疑。”苏雪林．天问正简——《屈赋新探》之二［M］．武汉：武汉大学出版社，2007：112－115.

② Mark Rose. World's First Zoo－Hierakonpolis, Egypt［J］. Archaeology 2010, Vol. 63（1）.

③《诗经·大雅·灵台》原文为：“经始灵台，经之营之。庶民攻之，不日成之。经始勿亟，庶民子来。王在灵囿，麀［yōu］鹿攸伏。麀鹿濯濯，白鸟翯翯［hè］。王在灵沼，於牣鱼跃……”。诗经［M］．合肥：黄山书社，2002：149.

④ 赵向往．中国开放最早的动物园［N］．中国绿色时报，2010－5－17（4）.

⑤ 据《史记》载，商末纣帝也搜集各种珍异动物供其与妲己嬉戏，“厚赋税以实鹿台之钱，而盈钜桥之粟。益收狗马奇物，充仞宫室。益广沙丘苑台，多取野兽蜚鸟置其中”。但笔者认为其规模尚小，最重要的是对外开放性极差，故此不视为最早的动物博览项目。司马迁．史记［M］．北京：大众文艺出版社，2009：19.

雀等动物。[①]

约公元前570年，新巴比伦王国国王尼布甲尼撒二世（公元前604年~公元前562年）为了慰藉爱妃塞米拉米斯（波斯国公主）思念花木繁茂的波斯国故土之情，在都城巴比伦兴建了高达25米的花园，广植珍奇美丽的花草树木。由于花园比宫墙还要高，从远处望去，整个花园如同悬在空中，因此被人们称为空中花园，又被称为悬苑。[②] 笔者同样认为，如果这个花园具有一定的公众开放性，则该花园可以视为植物博览项目或展览项目。

约公元前350年，秦孝公在渭水之南、长安之西首建上林苑，后来秦始皇扩建，项羽焚毁，汉武帝重建。上林苑豢养众多禽兽，以供观赏、嬉戏和狩猎。上林苑还栽植天下州府进贡之花木果蔬，甚至多次栽种南方的荔枝（但终究未结果），且留下各种植物的生长记录。张衡、班固等均在自己的文学作品中描绘甚至赞颂上林苑[③]，当时的司马相如还因此写出千古奇文《上林赋》，描绘其所见所闻[④]。尤为重要的是当时的皇帝乐于将此苑向文武百官、文人雅士开放，从而增强了它的公开性。[⑤] 因此，笔者认为上林苑是我国有明确史料记载的最早的具有动植物博览功能的人工园林，且其规模、实力、开放程度、动植物学的传播效果及社会效益仅比现代动植物园略微逊色。

公元前305年—公元前283年，埃及国王托勒密一世时期建立了历史上第一座有规划性的动物园，哲学家亚里士多德就在那里观察动物，并写了一本《动物的历史》[⑥]。

---

① 安德里亚·麦尔提尼，莱纳·茨格．动物园探趣［M］．马立东，译．武汉：湖北教育出版社，2010：5.

② 郭树林．浅谈建筑奇迹“空中花园”［N］．中华建筑报，2011-9-23（7）.
赵以雄．巴比伦空中花园［N］．人民日报（海外版），2003-5-24.

③ 张在义，张玉春，韩格平．张衡诗文选译［M］．南京：凤凰出版社，2011：1-54.

④ 中国植物学会植物园分会编辑委员会．中国植物园［M］．北京：中国林业出版社，2009：7. 除卫民．西汉未央宫［M］．西安：陕西人民出版社，2008-119-136.

⑤ 徐卫民指出上林苑中的众多苑有不同的性质，其中一些作为“文人荟萃之地，像思贤苑、博望苑等”，这种观点是非常吻合逻辑的。徐卫民．西汉未央宫［M］．西安：陕西人民出版社，2008：125.

⑥ 张湘辉．我们是否需要动物园？国内野生动物园现状分析［N］．潇湘晨报，2010-9-13. 原文为“公元283年”，经笔者考证应为“公元前283年”。

公元前3世纪，古埃及国王托勒密二世在埃及亚历山大建造了一座缪斯女神神庙，收集了大量的图书、手稿、文物、宝物提供给学者使用，它的功能是学者的图书馆、研究中心以及冥想的场所。亚历山大当时在地中海世界中是最富知识的城市。它被众多学者认为是世界历史上最早的博物馆之一。①

2世纪，埃及第十三王朝的哈塔苏女王在底比斯创建了动物园。②

5世纪，当时的波斯举办了一个超越集市功能的展览会，波斯国王以陈列财物来炫耀本国的财力物力，以期威慑邻国。③

约581年，隋唐时期统治者均重视国家级药用植物园的建设，从隋朝开始建立国家级药园，至唐朝进一步快速发展，不仅规模宏大，而且作为国家药物教育的基地，设置专门的药园师和药生，并影响民间文人墨客，其纷纷仿效建立私人药圃，并写入诸多的诗歌中。④ 也影响了日本、朝鲜等国。⑤ 隋唐时期的国家药园可以说是规模不小的古代药用植物博览园（当然还有教育、体验、为皇家提供药材等功能）。

629年，据说世界上第一次正式被提及的商品博览会在法国巴黎附近的圣丹尼斯一个供商人们聚会的地方举行。⑥

1150年，法兰克福有了首次博览会的记载。⑦

---

① 尼尔·科特勒，菲利普·科特勒．博物馆战略与市场营销［M］．潘守勇，等，译．北京：北京燕山出版社，2006：12.

② 埃里克·巴拉泰，彼伊丽莎白·阿杜安－菲吉耶．动物园的历史［M］．乔江涛，译．北京：中信出版社，2006：3.

③ 金辉．会展概论［M］．2版．上海：上海人民出版社，2011：116. 笔者对此史料持谨慎的态度，但目前未找到更为确切、详尽的资料。

④ 如王维《春过贺遂员外药园》："前年槿篱故，新作药栏成。香草为君子，名花是长卿。"白居易《凉夜有怀》"暗凝无限思，起傍药栏行"。中国植物学会植物园分会编辑委员会．中国植物园［M］．北京：中国林业出版社，2009：9.

⑤ 袁经权，缪剑华．我国药用植物园的历史沿革［J］//中国植物学会植物园分会编辑委员会．中国植物园．北京：中国林业出版社，2009：8－9.

⑥ 曼弗雷德·基希盖奥格，维尔纳·M. 多恩夏特，威廉·基泽，诺伯特·斯多克．博览管理——博览、会议和活动的策划、执行与控制．刁晓瀛，等，译．上海：上海财经大学出版社，2008：14.

⑦ 参见广州日报网，网址：http：//gzdaily. dayoo. com/html/2011－08/08/content_ 1439574. htm。笔者对此史料持谨慎的态度，可能并非现代意义的博览会，可能最多是展销会的性质。但目前未找到更为确切、详尽的资料。

1165年，德国莱比锡建立起规模很大的集市，以后每年都要举行两次大的商业性集会。由于规模较大，人们感到陌生、新鲜的商品不少，因此这个集会具有一定的展览性质，但是本质上还是一个集市。1894年，由传统的集市变为样品博览会，在1918年发展为工业技术博览会。①

1240年7月11日，经神圣罗马帝国皇帝腓特烈二世的特许状批准，法兰克福市举办了第一个秋季法兰克福展览会，开办了展览会。②

13世纪，两西西里王国国王弗雷德单克二世的宫廷里出现了历史上第一个像模像样的动物园。他养着用于狩猎或游行仪式的双峰驼、单峰驼、大象、大型猫科动物、猴子、熊、瞪羚和一只长颈鹿。慢慢的，意大利半岛和欧洲其他地区的贵族宅邸里也出现了类似的动物园。③

13世纪，意大利天主教圣加拉诺（San Galano）修道院所建的药用植物园，使后世的许多修道院沿传了这个习惯。④

1300年左右，蒙古皇帝忽必烈建立皇家动物园。⑤

1543年，意大利比萨植物园（Pisa Botanical Garden）开园⑥，是世界最早的现代植物园之一。

1545年，意大利东北部、威尼斯附近的帕多瓦大学建成帕多瓦植物园（意大利帕多瓦，官方网址：http：//www. ortobotanico. unipd. it/）并对外开放，是世界最早的现代植物园之一，延续至今。1997年，联合国教科文组织将其列入

---

① 陈志平，刘松萍，余国扬．会展经济学［M］．北京：经济科学出版社，2005：2. 笔者对此史料持谨慎的态度，可能并非现代意义的博览会，可能最多是展销会的性质。但目前未找到更为确切、详尽的资料。

② 参见陈志平，刘松萍，余国扬．会展经济学［M］．北京：经济科学出版社，2005：2. 新浪网，网址：http：//finance. sina. com. cn/b/20020704/228919. html. 广州日报网，网址：http：//gzdaily. dayoo. com/html/2011 - 08/08/content_ 1439574. htm. 笔者对此史料持谨慎的态度，可能并非现代意义的博览会，可能最多是展销会的性质。但目前未找到更为确切、详尽的资料。

③ 埃里克·巴拉泰，彼伊丽莎白·阿杜安－菲吉耶．动物园的历史［M］．乔江涛，译．北京：中信出版社，2006：5.

④ 余树勋．植物园［M］. 2版．北京：科学出版社，1986：10.

⑤ 钱敏．世界上最古老的动物园［J］．世界文化，1989（3）：48.

⑥ 袁经权，缪剑华．我国药用植物园的历史沿革//中国植物学会植物园分会编辑委员会．中国植物园［M］．北京：中国林业出版社，2009：6.

《世界遗产名录》。从1546年开始用于教学，目前帕多瓦植物园栽种植物种类6 800种（包括品种）。①

1545年，佛罗伦萨植物园建成，也是世界最早的现代植物园之一。

受此类教学植物园的影响，也相继出现了类似的植物园，如意大利的波罗那植物园（1568年）、德国的莱比锡（Leipzig）植物园（1580年）、荷兰的莱顿植物园（1587年）、法国的蒙特皮利植物园（1593年）、德国拉登（Leiden）植物园（1601年）、英国第一个植物园——牛津大学植物园（1621年）（英国牛津郡，官方网址：http：//www. botanic - garden. ox. ac. uk/）、法国的巴黎植物园（1635年），荷兰的阿姆斯特丹植物园（1638年）。②

1543—1605年，印度莫卧儿王朝皇帝阿克巴时期建立了最好的笼养动物园，到他死时该园拥有5 000只大象和1 000只骆驼。他禁止动物之间打斗，并将他的动物园向臣民们开放。③

【小知识】

司马相如《上林赋》节选④

于是乎卢橘夏熟，黄甘橙楱，枇杷橪柿，楟柰厚朴，梬枣杨梅，樱桃蒲陶，隐夫薁棣，荅遝离支。罗乎后宫，列乎北园，貤丘陵，下平原。扬翠叶，杌紫茎，发红华，垂朱荣。煌煌扈扈，照曜钜野。沙棠栎槠，华枫枰栌，留落胥邪，仁频并闾，欃檀木兰，豫章女贞，长千仞，大连抱，夸条直畅，实叶葰楙，攒立丛倚，连卷欐佹，崔错癹骫，坑衡閜砢，垂条扶疏，落英幡纚，纷溶萷蔘，猗狔从风，藰莅卉歙，盖象金石之声，管籥之音。偨池茈虒，旋还乎后宫，杂

① 周武忠．世界最古老的植物园——帕多瓦植物园［J］．园林，2012（1）：18－21．帕多瓦植物园官方网站资料，网址：http：//www. ortobotanico. unipd. it/en/botanical_ garden. html，笔者还综合了其他资料。

② 容克·格劳．从药草园到专类园——欧洲大陆植物园的发展历程［J］．丁一巨，译．中国园林，2010（1）：18．王中英．国外的植物园［J］．世界农业，1989（6）：41．靳晓白．植物园［J］．科普研究，2009（5）：75．牛津大学植物园官方网站介绍，网址：http：//www. botanic - garden. ox. ac. uk/history - botanic - garden。

③ 张湘辉．我们是否需要动物园？国内野生动物园现状分析［N］．潇湘晨报，2010－9－13．

④ 王峰．古文观止［M］．北京：大众文艺出版社，2009：112．

袅𫄨辑，被山缘谷，循阪下隰，视之无端，究之无穷。

张衡《西京赋》节选

上林禁苑，跨谷弥阜。东至鼎湖，邪界细柳。掩长杨而联五柞，绕黄山而款牛首。缭垣绵联，四百余里。植物斯生，动物斯止。众鸟翩翻，群兽（马否）騃。散似惊波，聚以京峙，伯益不能名，隶首不能纪。林麓之饶，于何不有，木则枞括椶楠，梓棫楩枫。嘉卉灌丛，蔚若邓林。郁蓊薆薱，橚爽櫹槮。吐葩飏荣，布叶垂阴。草则葴莎菅蒯，薇蕨荔苀，王蒭莔台，戎葵怀羊。苯䔿蓬茸，弥皋被冈。筱荡敷衍，编町成篁。

第二节 渐显锋芒的发展初期

笔者认为，从工业经济开始[①]至知识经济萌芽时期这段时间属于博览业的发展初期。

在发展初期，由于生产力显著提高、交通条件的改善、人们认识能力的增强等原因，在历史上纷纷出现了各种专业的博览项目，且品种、数量不断增多、参观人数不断扩大。

这一时期的主要特征如下：

（1）真正意义上的博览项目品种基本齐全，规模大小均有，数量较多。

（2）人们开始形成博览项目、博览业的有关概念，但概念还比较混乱，主要是开始有博览会、博物馆、美术馆、动物园、植物园这些概念。

（3）当时的人们尤其是城市里的人们基本解决了吃饱穿暖等基本生活需求，开始普遍产生博览需求、学习需求等高级需求。

（4）当时的交通开始改善，公路、铁路、飞机依次出现，有力地刺激了参观者、参展者的形成以及展品的运输。

（5）博览项目、博览业开始从商业、服务业等其他产业中独立出来，开始形成独立的产业价值。

---

① 这里笔者以1640年（英国资产阶级革命开始）左右为计算起点。

（6）博览项目一般存在于各国、各地区大、中型的城市，以及具有特殊博览资源的地区。

这一时期比较重要的历史事件、历史知识点如下：

1682 年，英国贵族阿什莫林将其收藏的货币、徽章、武器、服饰、美术品、考古出土文物、民族民俗文物和各种动植矿物标本全部捐献给牛津大学，建立其第一个博览馆——英国阿什莫林艺术和考古博物馆，并向公众和学者开放。①

18 世纪，一批重要的博览馆（主要是国家级别的历史博览馆、艺术博览馆）先后建立，如爱尔兰国家博物馆（1731 年）、维也纳自然历史博物馆（1748 年）、伦敦不列颠博物馆（1753 年）、威尼斯艺术学院美术馆（1755 年）、哥本哈根国立美术馆（1760 年）、俄国爱尔米塔什艺术馆（1764 年）、西班牙国立博物馆（1771 年）②。

1752 年，奥地利维也纳的舍恩布鲁恩动物园由私人动物园正式为市民开放，成为世界第一个真正对普通公众开放的动物园。据报道，当时园内的动物仅限于家禽，后来人们专门派遣捕获队去非洲等地收集珍奇动物。③

1756 年，英国“技术与商工业奖励协会”首创现代意义的博览会。④

1773 年，美国第一个公共的博览馆在南卡罗莱纳的查尔斯顿城建立，其陈列文物主要介绍南卡罗莱纳州的自然历史。⑤

1792 年，法国资产阶级革命促进了博览业在欧洲的发展，该年，法国公共教育委员会向法国国民议会提出的《关于普遍建立公共教育的报告及法律草案》中明确提出：“……拥有更加广泛资料的博物标本室，更大规模的植物园、药园等，也都是教育手段”，宣布包括博物馆在内的“国民教育为国家权利的

① 王宏钧．中国博物馆学基础［M］．上海：上海古籍出版社，2001：63.

② 王宏钧．中国博物馆学基础［M］．上海：上海古籍出版社，2001：63－64.

③ 钱敏．世界上最古老的动物园［J］．世界文化，1989（3）：48.

④ 赵祐志．跃上国际舞台：清季中国参加万国博览会之研究（1866－1911）//马敏．博览会与近代中国［M］．武汉：华中师范大学出版社，2010：14.

⑤ 王宏钧．中国博物馆学基础［M］．上海：上海古籍出版社，2001：64.

当然义务”，并且规定了开放博物馆和植物园的任务。①

1793 年 7 月 27 日，法国政府决定将巴黎卢浮宫改建为共和国艺术博物馆（法国巴黎，官方网址：http：//www. louvre. fr/）。1793 年 8 月 10 日，向公众正式开放。该事件对世界各国影响很大。许多大博物馆、王宫殿堂（一般都具有很多珍贵的艺术品和文物）在此事件的影响下得以开放，一些皇家私人庭院也形成动植物园或水族馆。一些国家由此兴起了地方博物馆。②

1798 年，即法国大革命当年，法国政府举办了首届“共和国工业产品展”，这是世界上第一个由政府组织的国家工业展览会，展出了法国当时最新、最先进的工业产品，具有重要的宣传、鼓励意义。③

1820 年，从该年开始，许多国家纷纷仿效法国举办国家级工业产品展览。④

1828 年 4 月 27 日，世界第一个现代意义的动物博览园——英国伦敦动物园（英国伦敦，官方网址：http：//www. zsl. org/zsl - london - zoo）建立⑤。起初园内动物只是科学家的研究对象，1847 年对外开放。

1844 年，德国的第一个动物园——柏林动物园建立。至今号称是世界上动物种类最多的动物园，共拥有 1 478 种动物，总数为 11 933 只。⑥ 维基百科有关词条（经常更新）则声称动物类别数目达 1 700 种，动物数目达 16 000 只。⑦

1845 年，英国政府发布法令，规定地方政府应支持博物馆和图书馆事业。⑧

1851 年，英国维多利亚女皇夫婿阿尔伯特公爵亲自督办了世界上首次公开

---

① 王宏钧．中国博物馆学基础［M］．上海：上海古籍出版社，2001：64 - 65.

② 王宏钧．中国博物馆学基础［M］．上海：上海古籍出版社，2001：65.

③ 陈志平，刘松萍，余国扬．会展经济学［M］．北京：经济科学出版社，2005：2 - 3.

④ 陈志平，刘松萍，余国扬．会展经济学［M］．北京：经济科学出版社，2005：3.

⑤ 杨小燕．中国动物园事业发展的助推者——北京动物园［J］//史苑撷萃——纪念北京史研究会成立三十周年文集，2011：95.

⑥ 杨小燕．中国动物园事业发展的助推者——北京动物园［J］//史苑撷萃——纪念北京史研究会成立三十周年文集，2011：95.

⑦ 参见维基百科“柏林动物园”词条，具体网址为：http：//zh. wikipedia. org/wiki/% E6% 9F% 8F% E6% 9E% 97% E5% 8B% 95% E7% 89% A9% E5% 9C% 92。

⑧ 宋向光．物与识：当代中国博物馆理论与实践辨析［M］．北京：科学出版社，2009：116.

的国际性的博览会——"万国工业博览会"。[①] 该会被认为是现代展览会的开始。另外，世界博览会也是许多国际活动和国际组织的先驱。世界博览会直接导致产生了国际评奖、国际会议等活动，世界博览会对扩大国际贸易起到了积极的推动作用，并产生了深远的经济效益和社会影响。[②] 笔者认为该会象征世界范围内的博览会产业从此开始发展。

1864 年，俄罗斯莫斯科动物园建立[③]，占地 20 公顷，是俄罗斯最早、最大的动物园。

1870 年 4 月 13 日，在律师约翰·杰伊（John Jay）等的推动下，美国建立了纽约大都市艺术博物馆（美国纽约，官方网址：http：//www. metmuseum. org/）。它的建立，标志了美国大型艺术博览馆的出现。此后，美国陆续建立了一批艺术博览馆。[④]

1871 年 10 月，日本在东京汤岛建立了展览室作为当时日本文部省博物局的观察设施，后发展为日本国立科学博物馆（日本东京，官方网址：http：//www. kahaku. go. jp/）。日本是亚洲建立博览馆较早的国家。[⑤]

1872 年，日本在东京汤岛大成殿首次举办了博览会。[⑥]

1889 年，在动物标本剥制师霍纳迪（William Temple Hornaday）的游说下，美国国会通过一项法案，华盛顿国家动物园（美国华盛顿，官方网址：http：//nationalzoo. si. edu/）得以建立，"以推动科学、技术及人们休闲的发

① 赵祐志. 跃上国际舞台：清季中国参加万国博览会之研究（1866—1911）［J］//马敏. 博览会与近代中国. 武汉：华中师范大学出版社，2010：14.

② 陈志平，刘松萍，余国扬. 会展经济学［M］. 北京：经济科学出版社，2005：3.

③ 杨小燕. 中国动物园事业发展的助推者——北京动物园［J］//史苑撷萃——纪念北京史研究会成立三十周年文集，2011：95.

④ 王宏钧. 中国博物馆学基础［M］. 上海：上海古籍出版社，2001：67. 纽约大都市艺术博物馆官方网站介绍，网页：http：//www. metmuseum. org/about - the - museum/history - of - the - museum/main - building。笔者还综合了其他资料。

⑤ 王宏钧. 中国博物馆学基础［M］. 上海：上海古籍出版社，2001：66. 日本国立科学博物馆官方网站介绍，网页：http：//www. kahaku. go. jp/english/about/summary/history/index. html。笔者还综合了其他资料。

⑥ 茂木雅博. 日本的博物馆——成立的经过与现状［J］. 中国历史文物，1991（0）：207.

展”，它是建立自然式动物园的先驱。①

1880—1920 年，博览业发展史的第一次思想革命——博物馆现代化运动发生。②

第三节 百花齐放的发展中期

笔者认为，从知识经济发展初期（即现阶段，具体从第一次世界大战后左右开始）开始这段时间属于博览业的发展中期。

在发展中期，由于生产力进一步显著提高、人们购买力水平显著提高、交通条件的进一步改善、人们认识能力的增强、知识在知识经济中价值的凸显等原因，博览业得到了并将继续得到飞速、稳步的发展，博览项目的品种、数量进一步增多、参观人数不断扩大。

这一时期的主要特征如下：

（1）博览项目品种绝大部分已经齐全、规模大小均有、数量更多。

（2）人们开始形成系统、科学的博览项目、博览业的有关概念。

（3）人们的博览需求、学习需求等高级需求迅速扩大、增强。

（4）交通进一步改善，高速公路、高速铁路依次出现，普通民众也能享受航空，进一步刺激了参观者、参展者的形成以及展品的运输。

（5）博览项目、博览业完全从商业、服务业等其他产业中独立出来，形成独立的产业价值，而且该产业还在知识经济时代作为知识经济的基础之一受到格外的重视。

（6）博览项目普通存在于各国、各地区大、中型的城市，小城市也有通俗性的博览项目。

（7）与博览项目、博览业有关的法律法规、国际条约等相继出现。

---

① 杨小燕．中国动物园事业发展的助推者——北京动物园［J］//史苑撷萃——纪念北京史研究会成立三十周年文集，2011：95. 华盛顿国家动物园官方网站介绍，网页：http：//nationalzoo. si. edu/AboutUs/History，http：//nationalzoo. si. edu/AboutUs/History/hornaday. cfm。

② 王璜生．美术馆：全球化语境中的博物馆经济［M］. 上海：上海书店出版社，2008：6.

这一时期比较重要的历史事件、历史知识点如下：

1925 年，国际展览联盟成立，现已改名为全球展览业协会，是世界展览业最重要的国际性组织之一。[①]

1928 年，根据外交公约，由法国发起成立国际展览局，是专事监督和保障《国际展览会公约》的实施、协调和管理举办世博会并保证世博会水平的政府间国际组织，总部设在巴黎。

1928 年，美国国家展览管理人协会成立，2006 年 11 月变更为国际展览与项目协会，为国际博览会行业重要组织之一，据官方网站称已有 8 500 余个会员。[②]

1928 年，英国人迈尔斯（H. Miers）提出博物馆的功能应由收藏研究发展为教育。

1935 年，国际动物园园长协会在瑞士成立。[③]

第二次世界大战后，博物馆学研究出现繁荣的景象，西欧、北美、日本等均有一大批研究成果问世。例如，联邦德国出版了《未来的博物馆》，美国出版了《寻求有用的未来博物馆》、《危机中的博物馆》，日本出版了《博物馆学纲要》，苏联出版了《苏联博物馆学基础》等有影响的博物馆学方面的专著。[④]

1946 年 11 月，国际博物馆协会成立。它推动了世界各国博览馆的迅速、健康、有序发展。各国国内的博物馆协会也相继成立。

1946 年，《国际博物馆》杂志创刊。[⑤] 该刊物作为联合国教科文组织的旗舰刊物之一，是国际权威刊物。

---

① 全球展览业协会官方网站介绍，网址：http：//www. ufinet. org/。笔者还参考了其他资料。

② 国际展览与项目协会官方网站介绍，网址：http：//www. iaee. com/about/；中国展览信息网的介绍，网址：http：//fair. ccpit. org/Contents/Channel _ 2363/2009/0427/178971/content _ 178971. htm；金辉 . 会展概论［M］. 上海：上海人民出版社，2011：297. 笔者还参考了其他资料。

③ 世界动物园与水族馆协会官方网站介绍，网址：http：//www. waza. org/en/site/about - waza/history。

④ 单霁翔 . 从“馆舍天地”走向“大千世界”——关于广义博物馆的思考［M］. 天津：天津大学出版社，2011：14 - 15.

⑤ 也有资料显示其创刊于 1948 年。

1946 年，一个新的国际动物园园长协会在荷兰成立。该协会于2000 年更名为世界动物园与水族馆协会。现有 300 多个会员，在推动动物园、水族馆发展等方面作出了重要的贡献。①

1947 年 10 月，国际博物馆协会和联合国教科文组织签订了合作协定。从此，其成为执行联合国教科文组织发展博物馆事业规划的合作者。

1951 年 12 月 1 日起，日本《博物馆法》正式实施。

1954 年，国际植物园协会（IABG）成立，与国际植物园保护联盟组织（BGCI）一起在国际植物园系统中发挥了积极的作用。

1955 年，非营利组织美国博物馆商店协会在美国创建，旨在帮助博物馆商店开发合适的纪念品等，以促进博物馆业务的发展。②

1960—1980 年，博览业第二次思想革命——“新博物馆学”发生。③

1977 年，国际博物馆协会将 5 月 18 日定为第一个国际博物馆日，并每年为国际博物馆日确定活动主题。

1987 年，国际植物园保护联盟（BGCI）成立，到目前为止，该联盟已经拥有遍布世界 100 多个国家的 500 多个植物园成员。

1996 年，联合国经济合作与发展组织首次全面、正式阐述知识经济的概念。

2013 年，本书首次明确提出博览项目、博览业等系列概念，并进行了深入、详细的理论阐述（自信一下）。

【小知识】

1925 年，国际展览联盟由 20 个欧洲一流的博览会组织在意大利米兰市发起成立，2003 年改名为全球展览业协会，但有关文件中仍使用原法国名字的缩

---

① 世界动物园与水族馆协会官方网站介绍，网址：http：//www. waza. org/en/site/about - waza/history，http：//www. waza. org/en/site/about - waza/who - we - are。

② 美国博物馆商店协会的官方网站多个网页介绍，网址：http：//www. museumstoreassociation. org/Public/About _ MSA/Governance/Public/About _ MSA/Governance/Landing. a spx？ hkey = 83c4a7f8 - 86bd - 4f8c - 8ad5 - 4e8479579780 等。

③ 王璜生．美术馆：全球化语境中的博物馆经济［M］．上海：上海书店出版社，2008：6.

写——UFI，其总部也是设在巴黎。是为了扩大国际性交易会/展览会在世界经济中的影响，促进国际经济交流的组织。国际展览联盟是世界博览会业最重要的国际性组织之一。到 2012 年为止，已经有 600 余会员。官方网站：http：//www. ufinet. org/。（资料来源于其官方网站及其他网站）

美国博物馆商店协会作为一家国际性的非营利组织于 1955 年在美国科罗拉多州丹佛市创建。现在大约有 1 650 个单位会员（其中博物馆单位 1 200 个）和 725 个供应商会员。官方网址：http：//www. museumstoreassociation. org/。（资料来源于其官方网站）

第四节　中国博览业发展历史：曾经先进，现需奋起

相对于世界博览业发展历史，中国博览业的发展在古代相对世界其他国家和地区较为活跃，到了近代、现代反而是比较迟缓的。

比较重要的历史事件、历史知识点如下：

约公元前 2620 年，根据《离骚》、《天问》、《淮南子》、《史记》等史料，笔者认为很有可能黄帝晚年在他昆仑山的住处下方设有植物园圃，后称之为"悬圃"（详见前文）。

约公元前 1100 年，据《诗经 · 大雅》记载，中国早在周文王时已在酆京（现陕西西安沣水西岸）兴建灵囿（详见前文）。

约公元前 350 年，秦孝公在渭水之南、长安之西首建上林苑，后来秦始皇扩建，项羽焚毁，汉武帝重建（详见前文）。

约 581 年，隋唐时期统治者均重视国家级药用植物园的建设，从隋朝开始建立国家级药园，至唐朝进一步快速发展（详见前文）。

1841 年，林则徐主持编译的《四洲志》中首次介绍了西方的博览馆，这也是首次出现汉语中的"博物馆"一词。①

① 唐斌．美术馆与知识生产——全球化背景下美术馆与知识生产及相关问题研究［D］．北京：中央美术学院，2010：57.

1848 年，徐继畬在他编著的《瀛环志略》一书中介绍了西方的博览馆，他当时用“古物库”来称呼这些历史博览馆。

1849 年，林针在该年写成《西海纪游草》中对美国博览馆进行了较为翔实的记载①。

1868 年，法国传教士韩德（Heude）在上海开办了“徐家汇博物馆”，其英文名是“自然史博物馆”，这是中国出现最早的博览项目，但是外国人开设的。②

1876 年，中国清政府第一次正式派官员和商人携展品参加国外的博览会——美国费城国际博览会。中国参赛展品共 720 箱。③

1871 年，中国第一个现代植物博览园——香港植物园（现名香港动植物园，中国香港，官方网址：http：//www. lcsd. gov. hk/parks/hkzbg/）建立并向公众开放。④

1874 年，英国亚洲文会北中国分会在上海开设“上海博物馆”。⑤

1876 年，香港植物园开始饲养动物，转型为动植物博览园，这是中国第一个现代意义上的动物博览园。⑥

1894 年，郑观应在其所著《盛世危言》中，充分肯定博物馆有着广见闻的重要作用。⑦

1905 年，张謇创办中国第一座综合性的公共博览馆——南通博物苑。建苑初期，博物苑藏品分天产、历史、美术、教育四部，主要陈列于南馆、北馆等展馆内，而大型文物标本则展示于室外。苑中广植花草树木、养殖珍禽异兽，

---

① 王宏钧．中国博物馆学基础［M］．上海：上海古籍出版社，2001：72.

② 宋向光．物与识：当代中国博物馆理论与实践辨析［M］．北京：科学出版社，2009：7.

③ 马敏．博览会与近代中国［M］．武汉：华中师范大学出版社，2010：1.

④ 许霖庆．中国第一个现代植物园——香港植物园（1871～2009）［J］．中国植物园，2009（12）：23－27.

⑤ 宋向光．物与识：当代中国博物馆理论与实践辨析［M］．北京：科学出版社，2009：7.

⑥ 许霖庆．中国第一个现代植物园——香港植物园（1871～2009）［J］．中国植物园，2009（12）：23－27.

⑦ 马继贤．博物馆学通论［M］．成都：四川大学出版社，1994：31.

与室内展品呼应。[①]

1906 年，中国大陆地区第一个现代意义上的动物博览园——万牲园在北京正式建立并对公众开放，于 1955 年更名为北京动物园（北京市，官方网址：http：//www. bjzoo. com/）。[②]

1908 年，当时对中国台湾进行殖民统治的日本在台北成了了台湾第一座自然历史博物馆——台湾总督府民政部殖产局附属纪念博物馆（现称台湾博物馆）。[③]

1909 年 10 月 9 日，博览会性质的武汉劝业奖进会举办，该会的主办者是湖广总督陈龙、坐办胡瑞霖，会期 45 天，共分天产、工艺、美术、教育、古物五部，另设 7 个特别陈列室，参观人数约 205 569 人。[④]

1910 年 6 月 5 日，中国第一个全国性博览会——南洋劝业会举办。坐办陈琪在南洋大臣兼两江总督端方、张人骏的支持下举办了该会，会期 6 个月，先后开设的展馆有 30 余个，参观人数约 30 万人。[⑤]

1914 年，辛亥革命之后，清故宫更名为“古物陈列所”，向公众开放，1925 年更名为“故宫博物院”，这实际上是中国最大的古代艺术博物馆。[⑥]

1915 年 10 月 1 日，北京国货展览会举办，会期 20 天，参观人数约 20 余万人。[⑦]

1915 年，日本人在中国辽宁省创建并管理了熊岳树木园（全称为辽宁省果

---

① 南通博物苑官方网站中的“本苑简介”，网址：http：//www. ntmuseum. com/shownews. asp？id = 348。

② 北京动物园官方网站“历史介绍”页面，网址：http：//www. bjzoo. com/intozoo/history. html。赵向往．中国开放最早的动物园［N］．中国绿色时报，2010 - 5 - 17（4）．

③ 黄光男．博物馆企业［M］．北京：文化艺术出版社，2011：46．

④ 林芳．中国近代博览会之第一人——陈琪传［M］．北京：中国社会科学出版社，2009：254．更为详细的观点请参看该书中的具体分析。

⑤ 林芳．中国近代博览会之第一人——陈琪传［M］．北京：中国社会科学出版社，2009：254．更为详细的观点请参看该书中的具体分析。

⑥ 唐斌．美术馆与知识生产——全球化背景下美术馆与知识生产及相关问题研究［D］．北京：中央美术学院，2010：10．

⑦ 林芳．中国近代博览会之第一人——陈琪传［M］．北京：中国社会科学出版社，2009：255．更为详细的观点请参看该书中的具体分析。

树科学研究所熊岳树木园），至 1945 年 8 月 15 日后，始归中国人所有。①

1927 年 8 月，植物学家钟观光在浙江杭州笕桥创建了第一个由中国人创建、管理的植物博览园，当时命名为“国立第三中山大学劳农学院植物园”，现名“浙江大学农学院植物园”。②

1928 年 11 月 1 日，中华国货展览会举办，由南京政府工商部及上海市政府等主办，会期 64 天，参观人数约 130 余万人。③

1929 年 6 月 6 日，西湖博览会举办，由浙江省政府会长张静江主办，会期 128 天，会场总面积达 1. 25 平方千米，参观人数约 200 余万人。④

1934 年 8 月 20 日，陈封怀、胡先骕、秦仁昌三位植物学教授一起创办的中国大陆第一座正规的植物博览园——庐山森林植物园成立，现名庐山植物园（江西省庐山市，官方网址：http：//www. lsbg. cn/）。

1934 年，北平故宫博物院院长马衡、北平图书馆馆长兼故宫博物院图书馆馆长袁同礼、中央博物院筹备委员傅斯年等联络博物馆界，倡议组织中国博物馆协会。经过 1 年的筹备，于 1935 年 9 月在北平景山绮望楼成立，后发展团体会员 30 多个，个人会员 120 多人。1937 年卢沟桥事变后，会务陷于停顿。抗日战争胜利后，随着各地博物馆的恢复，1948 年 6 月中国博物馆协会也在北京复会。

1936 年，中国第一个国立美术馆——“国立美术陈列馆”在社会各界，尤其是文化艺术界人士的强烈呼吁下在南京建立。⑤

1936 年，由陈端志撰写的中国第一部博物馆学著作《博物馆学通论》在上

---

① 汪国权．中国现存植物园哪座建立最早？［J］．生命世界，1991（4）：42－43.

② 单敖根，郑龙海，唐银娣．中国近代史上第一个植物园的创建［J］．浙江档案，2008（7）：58－59.

③ 林芳．中国近代博览会之第一人——陈琪传［M］．北京：中国社会科学出版社，2009：255. 更为详细的观点请参看该书中的具体分析。

④ 林芳．中国近代博览会之第一人——陈琪传［M］．北京：中国社会科学出版社，2009：256. 更为详细的观点请参看该书中的具体分析。

⑤ 唐斌．美术馆与知识生产——全球化背景下美术馆与知识生产及相关问题研究［D］．北京：中央美术学院，2010：7.

海出版。

1962 年，新中国第一个国家级美术馆——“中国美术馆”正式落成开放。①

1978 年 8 月，全国动物园科技情报网成立。1985 年 10 月，变更为中国动物园协会。

1980 年，中国自然科学博物馆协会在北京成立。②

1982 年，3 月 23 日，中国博物馆学会在北京成立，2010 年更名为中国博物馆协会。

1984 年，学术季刊《博物馆》创办，1985 年改刊名为《中国博物馆》（中国博物馆学会，2010 年更名为中国博物馆协会主办）。

【小知识】

1982 年 3 月 23 日，中国博物馆学会在北京正式成立。1984 年学会创办学术季刊《博物馆》，1985 年改刊名为《中国博物馆》，是中国博物馆界的领军学术刊物。2010 年中国博物馆学会更名为中国博物馆协会。官方网址：http：//www. chinamuseum. org. cn/。

① 唐斌．美术馆与知识生产——全球化背景下美术馆与知识生产及相关问题研究［D］．北京：中央美术学院，2010：7.

② 中国自然科学博物馆协会官方网站，网址：http：//www. cansm. org/n11744816/n11766065/11801468. html。

参考文献

工具书

1. 商务印书馆辞书研究中心．新华词典［M］．修订本．北京：商务印书馆，2001.

2.《现代汉语大词典》编委会．现代汉语大词典［M］．上海：上海世纪出版股份有限公司，上海辞书出版社，2009.

3. 张柏然，等．译文版牛津英汉双解词典［M］．伦敦：牛津大学出版社，上海：译文出版社，2011.

4. 中华人民共和国国家统计局．中国统计年鉴（2011）［M］．北京：中国统计出版社，2011.

5. 中华人民共和国国家统计局．中国统计年鉴（2008）［M］．北京：中国统计出版社，2008.

6. 国家民族事务委员会经济发展司，国家统计局国民经济综合统计司．中国民族统计年鉴［M］．北京：民族出版社，2008.

7. 中国城市竞争力研究会，香港浸会大学当代中国研究所．中国城市竞争力年鉴2011［M］．深圳：海天出版社，2011.

8. 中华人民共和国国家统计局．国际统计年鉴（2011）［M］．北京：中国统计出版社，2011.

9. 中华人民共和国国家统计局．国际统计年鉴（2009）［M］．北京：中国统计出版社，2009.

著作

1. 中国国家文物局，中国博物馆协会．博物馆法规文件选编［M］. 北京：科学出版社，2010.

2. 杨春兰，等．会展概论［M］. 2版．上海：上海财经大学出版社，2010.

3. 余明阳，姜炜．博览学［M］. 上海：复旦大学出版社，2005.

4. 陈志平，刘松萍，余国扬．会展经济学［M］. 北京：经济科学出版社，2005.

5. 张宏亮．中国竹子博物馆［M］. 杭州：西泠印社，2007.

6. 格拉汉姆·布莱克．如何管理一家博物馆：博物馆吸引人的秘密［M］. 徐光，谢卉，译．北京：中国轻工业出版社，2011.

7. 马继贤．博物馆学通论［M］. 成都：四川大学出版社，1994.

8. 曾昭燏，李济．博物馆［M］. 重庆：正中书局，1943.

9. 肯尼斯·赫德森．八十年代的博物馆——世界趋势综览［M］. 王殿明，杨待华，陈凤鸣，译．北京：紫禁城出版社，1986.

10. 李安．世界是知识的：迈向21世纪的知识经济新时代［M］. 北京：中国社会出版社，2010.

11. 周觉．休闲的经济分析［M］. 北京：经济科学出版社，2007.

12. 伯纳德·希尔，埃姆林·科斯特．当代科学中心［M］. 徐善衍，等，译．北京：中国科学技术出版社，2007.

13. Fenichel M. , Schweingruber H. A. Surrounded by Science: Learning Science in Informal Environments [M]. Washington DC: The National Academies Press, 2010.

14. 马勇，周青．休闲学概论［M］. 重庆：重庆大学出版社，2008.

15. 亚里士多德．政治学［M］. 冯国超，译．北京：中国社会出版社，2000.

16. 于光远，马惠娣．十年对话——关于休闲学研究的基本问题［M］．重庆：重庆大学出版社，2008.

17. 宋向光．物与识：当代中国博物馆理论与实践辨析［M］．北京：科学出版社，2009.

18. 张守一．知识经济概论［M］．北京：中央广播电视大学出版社，1999.

19. 珍妮特·马斯汀．新博物馆理论与实践导论［M］．钱春霞，等，译．南京：凤凰出版传媒集团，江苏美术出版社，2008.

20. 振中．体验业，改变未来［M］．北京：中国发展出版社，2013.

21. 王宏钧．中国博物馆学基础［M］．上海：上海古籍出版社，2001.

22. 王琪延，等．休闲经济［M］．北京：中国人民大学出版社，2005.

23. 唐留雄．现代旅游产业经济学［M］．广州：广东旅游出版社，2001.

24. 魏小安，刘赵平，张树民．中国旅游业新世纪发展大趋势［M］．广州：广东旅游出版社，1999.

25. 阿尔诺·勃兰特，等．汉诺威世博会对区域经济的影响［M］．任树银，等，译．上海：上海科技文献出版社，2003.

26. 约翰·特莱伯．休闲经济与案例分析［M］．3版．李文峰，译．沈阳：辽宁科学技术出版社，2007.

27. 吴承忠．国外休闲经济发展与公共管理［M］．北京：人民出版社，2008.

28. 陈来成．休闲学［M］．广州：中山大学出版社，2009.

29. 张子康，罗怡，李海若．文化造城：当代博物馆与文化创意产业及城市发展［M］．桂林：广西师范大学出版社，2011.

30. 黄光男．博物馆新视觉［M］．北京：文化艺术出版社，2011.

31. 张志．博物馆陈列新思维［M］．天津：天津人民出版社，2011.

32. 王学敏．博物馆实用讲解艺术［M］．开封：河南大学出版社，2009.

33. 田静．博物馆工作研究［M］．西安：陕西人民出版社，2004.

34. 黄光男. 博物馆企业［M］. 北京：文化艺术出版社，2011.

35. 杨玲，潘守永. 当代西方博物馆发展态势研究［M］. 北京：学苑出版社，2005.

36. 傅振伦. 博物馆学概论［M］. 上海：商务印书馆，1957.

37. 蔡琴. 博物馆学新视域［M］. 杭州：浙江人民出版社，2003.

38. 克里斯托弗·埃金顿，苏珊·郝德森，罗德尼·戴森，苏珊·埃金顿. 休闲项目策划：以服务为中心的利益方法［M］. 李昕，等，译. 重庆：重庆大学出版社，2010.

39. 尼尔·科特勒，菲利普·科特勒. 博物馆战略与市场营销［M］. 潘守勇，等，译. 北京：北京燕山出版社，2006.

40. 刘康德. 淮南子直解［M］. 上海：复旦大学出版社，2001.

41. 苏雪林. 天问正简——《屈赋新探》之二［M］. 武汉：武汉大学出版社，2007.

42. 诗经［M］. 李明阳，译注. 合肥：黄山书社，2002.

43. 司马迁. 史记［M］. 北京：大众文艺出版社，2009.

44. 安德里亚·麦尔提尼，莱纳·茨格. 动物园探趣［M］. 2版. 马立东，译. 武汉：湖北教育出版社，2010.

45. 张在义，张玉春，韩格平. 张衡诗文选译［M］. 南京：凤凰出版社，2011.

46. 徐卫民. 西汉未央宫［M］. 西安：陕西人民出版社，2008.

47. 埃里克·巴拉泰，彼伊丽莎白·阿杜安-菲吉耶. 动物园的历史［M］. 乔江涛，译. 北京：中信出版社，2006.

48. 金辉. 会展概论［M］. 2版. 上海：上海人民出版社，2011.

49. 曼弗雷德·基希盖奥格，维尔纳M. 多恩夏特，威廉·基泽，诺伯特·斯多克. 博览管理——博览、会议和活动的策划、执行与控制［M］. 刁晓瀛，等，译. 上海：上海财经大学出版社，2008.

50. 余树勋．植物园［M］．北京：科学出版社，1986.

51. 王璜生．美术馆：全球化语境中的博物馆经济［M］．上海：上海书店出版社，2008.

52. 单霁翔．从“馆舍天地”走向“大千世界”——关于广义博物馆的思考［M］．天津：天津大学出版社，2011.

53. 马敏．博览会与近代中国［M］．武汉：华中师范大学出版社，2010.

54. 林芳．中国近代博览会之第一人——陈琪传［M］．北京：中国社会科学出版社，2009.

55. 中国民族博物馆．论民族博物馆建设［M］．北京：民族出版社，2007.

56. 苏东水．产业经济学［M］．北京：高等教育出版社，2000.

57. 魏小安．中国休闲经济［M］．北京：社会科学文献出版社，2005.

58. 马惠娣．走向人文关怀的休闲经济［M］．北京：中国经济出版社，2004.

59. 靳极苍．诗经楚辞汉乐府选详解［M］．太原：山西古籍出版社，2002.

60. 褚斌杰，黄筠．《<诗经>与楚辞》导读［M］．北京：北京大学出版社，2003.

61. 王峰．古文观止［M］．2 版．北京：大众文艺出版社，2009.

论文或文章

1. 傅振伦．近百年博物馆事业先辈的事迹［J］．//李淑萍．博物馆学研究论文选．西安：西北大学出版社，1994.

2. 薛坤．近代中国博览事业的起步和发展（1851—1937）［D］．苏州：苏州大学，2011.

3. 魏小安，王春利．博物馆的市场化［J］．//北京博物馆学会．北京博物馆学会第四届学术会议论文集．北京：北京燕山出版社，2004.

4. 李金生．博物馆产业化问题初探［D］．济南：山东大学，2008.

5. 张艺军．博物馆文化产业发展研究——以湖北省博物馆为例［D］．武汉：武汉大学，2005.

6. 唐斌．美术馆与知识生产——全球化背景下美术馆与知识生产及相关问题研究［D］．北京：中央美术学院，2010.

7. 卢思密．博物馆的教育潜力——从西汉南越王博物馆“冬日的太阳”展览说起［J］．//郭俊英，王芳．博物馆：以教育为圆心的文化乐园（国际博物馆协会教育委员会2010年上海年会论文集）．广州：暨南大学出版社，2011.

8. 蔡邦平，等．植物园在知识经济中的作用与发展战略［J］．江苏林业科技，1998，25.

9. 刘剑英．中国休闲经济发展状况探析［D］．厦门：厦门大学，2007.

10. 李海燕．民俗（民族）博物馆与大众休闲［J］．//中国民族博物馆．论民族博物馆建设．北京：民族出版社，2007.

11. 李月英．论民族传统文化展示与民族博物馆［J］．//中国民族博物馆．论民族博物馆建设．北京：民族出版社，2007.

12. 梁萍．博物馆背景下的体验教学初探——以湖南龙山县某小学土家文化体验教学为例［D］．西安：陕西师范大学，2011.

13. Lisa Lundström，卢思密．让孩子们参与到儿童展览的策划中来——一次创意激发的试验［J］．//郭俊英，王芳．博物馆：以教育为圆心的文化乐园（国际博物馆协会教育委员会2010年上海年会论文集．广州：暨南大学出版社，2011.

14. 楼锡祜．略论博物馆教育的参与［N］．中国文物报，2002－5－27.

15. 黄永兰．博物馆与中小学教育良性互动机制的建立——以重庆主城区部分中小学校和博物馆为例［D］．重庆：重庆师范大学，2012.

16. Caroline Lang，陈力子．博物馆社区教育活动的设计［J］．//郭俊英，王芳．博物馆：以教育为圆心的文化乐园（国际博物馆协会教育委员会2010年上海年会论文集）．广州：暨南大学出版社，2011.

17. Mark Rose. World's First Zoo － Hierakonpolis，Egypt［J］．Archaeology，

Vol. 63，2010，Vol. 63（1）.

18. 赵向往. 中国开放最早的动物园［N］. 中国绿色时报，2010－5－17（4）.

19. 郭树林. 浅谈建筑奇迹“空中花园”［N］. 中华建筑报，2011－9－23（7）.

20. 赵以雄. 巴比伦空中花园［N］. 人民日报（海外版），2003－5－24.

21. 袁经权，缪剑华. 我国药用植物园的历史沿革［J］.//中国植物学会植物园分会编辑委员会. 中国植物园. 北京：中国林业出版社，2009.

22. 钱敏. 世界上最古老的动物园［J］. 世界文化，1989（3）.

23. 周武忠. 世界最古老的植物园——帕多瓦植物园［J］. 园林，2012（1）.

24. 容克·格劳，丁一巨. 从药草园到专类园——欧洲大陆植物园的发展历程［J］. 中国园林，2010（1）.

25. 王中英. 国外的植物园，世界农业，1989（6）.

26. 靳晓白. 植物园［J］. 科普研究，2009（5）.

27. 赵祐志. 跃上国际舞台：清季中国参加万国博览会之研究（1866—1911）［J］//马敏. 博览会与近代中国. 武汉：华中师范大学出版社，2010.

28. 杨小燕. 中国动物园事业发展的助推者——北京动物园［J］//史苑撷萃——纪念北京史研究会成立三十周年文集，2011.

29. 许霖庆. 中国第一个现代植物园——香港植物园（1871～2009）［J］//中国植物园. 北京：中国林业出版社，2009.

30. 汪国权. 中国现存植物园哪座建立最早？［J］. 生命世界，1991（4）.

31. 单敖根，郑龙海，唐银娣. 中国近代史上第一个植物园的创建［J］. 浙江档案，2008（7）.